EXPEDITION NATUR

BÄRBEL OFTRING

Entdecken, forschen & verstehen

DER WALD

UNSER EINZIGARTIGER LEBENSRAUM

MIT EXPERIMENTEN, IDEEN & UMWELT-TIPPS

moses.

Das bin ich!

Ich heiße: ....

Ich wohne: ....

Mein Geburtstag: ....

Das möchte ich werden: ....

....

Das ist „mein Wald“:

....

Mein Lieblings-Waldtier:

....

Meine Lieblings-Waldpflanze:

....

Meine beste Wald-Entdeckung: ....

....

Mein schönstes Wald-Erlebnis: ....

Inhalt

Im Wald unterwegs

Viele hohe Bäume bilden den Lebensraum Wald, in deren Schutz die Waldpflanzen und -tiere eine Lebensgemeinschaft bilden. Für Mitteleuropa ist ein Mischwald typisch, der aus Laub- und Nadelbäumen besteht: Solch ein Wald würde fast ganz Mitteleuropa bedecken, wenn es keine Menschen gäbe.

Beobachte: freie Flächen am Waldrand, auf Lichtungen und sogar mitten in der Stadt: Wenn diese offenen Bereiche sich selbst überlassen werden, wachsen dort bald Sträucher und kleine Bäume – das sind die ersten Entwicklungsschritte auf dem Weg zum Wald. Finde heraus, welche kleinen Bäume sich dort von selbst angesiedelt haben.

Wald ist nicht gleich Wald

Bei uns gibt es verschiedene Waldtypen. Schau dich im Wald um und achte auf diese Kennzeichen:

Auwald: begleitet natürlicherweise die Ufer eines Baches oder Flusses; regelmäßig bei Hochwasser überflutet – das vertragen nur bestimmte Baumarten wie Eschen, Erlen, Weiden und Pappeln.

Berg-Mischwald: wächst in höheren Lagen der Mittelgebirge und Alpen; je höher du kommst, umso mehr Nadelbäume wachsen und der Wald wird ein Nadelwald.

Eichen-Buchen-Mischwald: Rot-Buchen sind auf nährstoffreichen, feuchteren Böden die vorrangige Baumart, auf nährstoffärmeren, trockeneren Böden nimmt der Bestand an Stiel-Eichen zu; helle, freundliche Wälder.

Nadelwald: kommt natürlicherweise nur in den Höhenlagen der Gebirge vor, in tieferen Lagen künstlich aufgeforstet; ein recht artenarmer, düsterer Wald.

Urwald: den gibt es bei uns kaum noch, du findest richtigen Urwald aus riesigen Buchen nur noch an wenigen Stellen in manchen Nationalparks (Bayerischer Wald, Hainich, Kellerwald-Edersee).

Tipp: Besuche den **Nationalpark Hainich** in Thüringen: Dort kannst du den größten nutzungsfreien heimischen Ur-Laubwald erkunden!

So ist der Wald aufgebaut:

Vom Erdboden bis in die höchsten Baumwipfel erinnert ein Wald an ein mehrstöckiges Haus, das aus den Pflanzen gebildet wird. In jeder Etage leben ganz viele verschiedene Tiere. Welches Tier entdeckst du in den einzelnen Stockwerken?

DACHGESCHOSS

Dachgeschoss = Baumkronen: Bei uns reicht der Wald bis in 40 Meter Höhe. So weit oben bauen Ringeltauben, Habichte, Mäusebussarde, Krähen, Graureiher und andere große Vögel ihre Nester. Auch den Kobel der Eichhörnchen findest du in den Baumkronen.

Tipp: Nimm ein Fernglas mit, dann kannst du die Tiere besser sehen.

1. STOCK

1. Stock = Gebüsch: Die Sträucher und Kronen der jungen Bäume bieten vor allem den Vögeln gute Nistplätze und Verstecke. Dort finden sie im Sommer reichlich Insektennahrung, im Herbst jede Menge Früchte.

Beobachte: Welche Vögel entdeckst du im Gebüsch?

ERDGESCHOSS

Erdgeschoss = auf dem Waldboden: Hier wachsen Pilze, Blumen, Kräuter, Gräser, Farne und Moose und bieten kleinen Waldtieren Nahrung, Versteck und Wohnraum.

Beobachte: Welche Insekten kannst du auf den Blüten oder auf dem Boden entdecken?

KELLER

Keller = unter der Erde: Hier leben Mäuse, Insekten, Spinnen und viele andere kleine Tiere.

Aha! Im Keller des Waldes entwickeln sich auch die vielen Käferlarven, in morschen Eichenwurzeln die großen Larven der Hirschkäfer, in mit Kot gefüllten Erdgängen die Larven der Mistkäfer.

Das brauchst du, um den Wald zu erforschen

Natürlich kannst du jedes Mal auch ganz spontan den Wald erforschen, wenn du dich dort aufhältst. Aber mit ein bisschen Planung macht es mehr Freude. Dann kannst du auch gezielt ein paar Dinge zum Erkunden der Tiere und Pflanzen mitnehmen.

Dinge für deine Wald-Tour:

- geschlossene feste Schuhe, keine Sandalen oder Flip-Flops
- lange Hose
- dieses Forscherbuch plus Stift
- Handy (für Notfälle) und zum Fotografieren, Filmen, sowie für Tonaufnahmen
- Fernglas und Becherlupe (wenn du diese besitzt)
- ein paar Tüten, Behälter oder Dosen für deine Naturfunde
- Papier, Stifte (auch Wachsmaler)
- ein paar Pflaster und Desinfektionsmittel für kleine Wunden
- für größere Touren auch Wanderkarte, Kompass oder sogar eine Navi-App
- Trinkwasser

Tipp: Pack dir doch diese Dinge in einen kleinen Rucksack, der immer bereitsteht. Dann musst du ihn dir vor der nächsten Wald-Tour einfach nur schnappen und hast alles Wichtige dabei.

Ein bisschen Gefahrenkunde

Der Wald ist kein gefährlicher Ort. Trotzdem solltest du ein paar Dinge wissen:

1. Erkundige dich auf www.zecken.de, ob der Wald in einem Zecken-Risikogebiet liegt. Die befinden sich vor allem in Süddeutschland. Dort können von März bis November im niedrigen Pflanzenbewuchs blutsaugende Zecken lauern, die gefährliche Krankheiten übertragen können. Du schützt dich vor einem Befall durch lange Hosenbeine und Ärmel; außerdem suchst du nach der Tour deinen nackten Körper nach Zecken ab.
2. Meide bei Sturm und Gewitter den Wald.
3. Entzünde im Wald kein Feuer, vor allem nicht in trockenen Wetterperioden. Du darfst nur an öffentlichen Grillstellen Feuer machen.
4. Iss niemals Früchte, Pilze oder anderes, das du nicht hundertprozentig als essbar kennst (siehe Seite 34/35).
5. Fass keine toten Tiere oder Kot an.

Und ein paar Waldregeln gibt es natürlich auch:

- Gehe achtsam mit den Pflanzen und Tieren um, denn du bist in ihrem Lebensraum Wald nur ein Gast. Störe sie nicht, sondern freue dich, dass sie sich von dir beobachten lassen.
- Fasse keine Tiere an, vor allem keine Jungtiere.
- Hinterlasse keinen Abfall, noch nicht mal einen Kaugummi oder ein Taschentuch, sondern nimm deinen ganzen Müll wieder mit nach Hause.

Sich im Wald orientieren ...

... das ist gar nicht so einfach, denn wegen der vielen, dicht stehenden Bäume kannst du im Wald nicht sehr weit gucken. An sonnigen Tagen zeigt dir der Stand der Sonne auch im Wald die Himmelsrichtungen. Dazu musst du nur auf die Uhr schauen. Das ganze Jahr über gilt: **12 Uhr, Sommerzeit 13 Uhr: Sonne steht im Süden**

Sommer (Sommerzeit):

08.30 Uhr: Sonne steht im Osten

11.30 Uhr: Sonne steht im Südosten

14.30 Uhr: Sonne steht im Südwesten

17.30 Uhr: Sonne steht im Westen

Frühling/Herbst:

06.00 Uhr: Sonne steht im Osten

09.30 Uhr: Sonne steht im Südosten

14.30 Uhr: Sonne steht im Südwesten

18.00 Uhr: Sonne steht im Westen

Winter:

08.30 Uhr: Sonne steht im Südosten

15.15 Uhr: Sonne steht im Südwesten

Himmelsrichtungen im Wald ablesen

An bewölkten Tagen gibt dir die Natur Hinweise auf die Himmelsrichtungen. Achte auf:

- Ameisenhaufen: meist an der Südseite von Bäumen und Sträuchern.
- Baumstämme: Die meisten Moose wachsen an der Nordwestseite.
- Nistkästen: hängen meist an der Südostseite.

Mit Karte und Kompass

Auf größeren Wald-Touren oder in unbekannten Wäldern brauchst du eine Wanderkarte. Wähle am besten eine topografische Karte mit einem Maßstab von 1:25.000 oder 1:50.000. Bei diesen Maßstäben entspricht 1 cm auf der Karte 25.000 cm (= 250 m) oder 50.000 cm (= 500 m) in der Natur. Diese Karten zeigen auch Bäche, Teiche, Denkmäler und andere Wegzeichen.

Auf allen Wanderkarten ist Norden oben, folglich Süden unten, Osten rechts und Westen links. Draußen sagt dir der Kompass, wo Norden ist. Das geht so:

1. Lege den Kompass oder die Kompass-App deines Smartphones auf den flachen Boden.
2. Warte, bis die Nadel still steht.
3. Die dunkle oder farbige Nadelspitze weist nach Norden.
4. Lege die Karte nun so hin, dass der Norden der Karte (= oben) nach Norden weist.

Tipp: Übe das ein paar Mal, bis du darin fit bist!

Besitzt du ein Smartphone so findest du das Kartenmaterial auch auf einer Navi-App – und darauf siehst du sogar ganz genau, wo du gerade stehst.

Tipp: Wanderwege sind oft mit bunten Markierungen wie blauen Dreiecken oder roten Punkten gekennzeichnet, die z. B. an Wegkreuzungen auf Baumstämmen angebracht sind. Wenn du ihnen folgst, bleibst du stets auf dem richtigen Weg.

Was tun, wenn du dich verlaufen hast?

Geh nicht weiter, sondern ruf deine Eltern, Verwandte, Freundinnen oder Freunde an und lass dir helfen.

In einer **Notsituation** rufst du an:

Notruf 112

Outdoor-Survival im Wald

Manchmal wird es draußen besonders abenteuerlich, etwa wenn du im Wald übernachtest oder von schlechtem Wetter überrascht wirst. In diesen Situationen kannst du:

Einen Unterschlupf bauen

Wenn du ein „Dach über dem Kopf" brauchst, suche eine Stelle mit dichtem, dornenfreiem Gebüsch oder einen Baum mit tief und weit überhängenden Ästen. Sammle dann längere Äste und lehne sie im Halbkreis um das Gebüsch oder den Stamm. So entsteht ein Tipi. Die Zwischenräume dichtest du bei Bedarf mit beblätterten Ästen ab – oder mit einer großen Folie/Plastikplane (wenn du eine solche dabei hast).

Ein weiches Lager bauen

Sammle lange Äste und Zweige für die unterste Schicht deines Lagers. Sie darf ruhig schön hoch sein, also 20-40 cm. Darauf kommt eine dicke Schicht Laub, Moos und Gras als weiche Auflage zum Ruhen oder Schlafen.

Tipp: Plane für den Bau eines Unterschlupfs 1-2 Stunden ein, denn du musst die Materialien noch suchen. Bedenke das, damit du rechtzeitig vor Einbruch der Nacht fertig bist.

Danach: Was tun, wenn du Unterschlupf und Lager verlässt

Hinterlasse den Platz so, wie er war – verteile dazu die Äste und Zweige in der Umgebung. Alles, was du mitgebracht hast, nimmst du wieder mit, auch Speisereste und natürlich alles aus Glas, Plastik und anderen Materialien.

Was tun, wenn dich im Wald ein Gewitter überrascht?

Vor allem im Sommer kann dich leicht draußen ein Gewitter überraschen. Grundsätzlich sind Gewitter sehr gefährlich, denn man weiß nie, wo genau ein Blitz einschlagen wird. Dies sind fast immer die höchst gelegenen Punkte – also die höchsten Bäume, Gebäude oder Masten. Da es bei Gewittern meist auch noch stürmt, geht auch von abbrechenden Ästen und umstürzenden Bäumen eine große Gefahr aus.

- Sind Gewitter angekündigt, bleibe im Haus.
- Wirf an schwül-heißen Sommertagen immer wieder einen Blick in den Himmel und beobachte, ob sich ein Gewitter aufbaut. Das erkennst du so:

- Wenn es blitzt und donnert, ermittle, wie weit das Gewitter entfernt ist. Das geht so: Zähle die Sekunden zwischen Blitz und Donner. Teile die gezählten Sekunden durch 3 – das ergibt den Abstand des Gewitters in Kilometern. Wichtig: Ein Gewitter ist gefährlich nah, wenn du weniger als 10 Sekunden zählst!

Überrascht dich ein Gewitter im Wald, dann halte dich fern von alten Bäumen. Sie sind hoch und haben wesentlich mehr Äste, die morsch sein und abbrechen können. Suche stattdessen einen Bereich mit jungen Bäumen auf. Hast du die Wahl, so zieh dich lieber in den Schutz junger Nadelbäume als junger Laubbäume zurück. Meide auch einfache Unterstände, wenn sie von Bäumen umgeben sind!

Schutzhaltung bei Gewitter

1. Entferne alles aus Metall, was einen Blitz anzieht – auch das Handy.
2. Geh in die Hocke.
3. Stelle dabei deine Füße ganz dicht zusammen, so dass du wie auf nur „einem Bein" auf dem Boden stehst.
4. Leg deine Stirn auf deine Knie.
5. Umfasse deine Beine mit deinen Armen – dabei dürfen die Hände nicht den Boden berühren.

Biete dem Blitz keine Angriffsfläche! Sei getröstet: Ein Gewitter ist in spätestens 20 Minuten vorbeigezogen.

Wichtig!

Das alte Sprichwort „Buchen sollst du suchen, Eichen sollst du weichen" gilt nicht!!! In alle hohen oder allein stehenden Bäume kann der Blitz gleichermaßen einschlagen!

Tierspuren erforschen

Auch wenn sich die Tiere im Wald gut verstecken können oder nachts aktiv sind, so verraten sie ihre Anwesenheit durch zahlreiche Spuren: Das sind Trittspuren am Boden, Nester und Federn, Kot und Gewölle oder abgefressene Blätter und Pilze. Halte bei jeder Erkundungstour danach Ausschau – am Boden und im Geäst.

Trittspuren

Hund

Die häufigsten Trittspuren entlang der Waldwege stammen von kleinen bis großen Hunden.

Auf manchen Wegen dürfen auch Pferde reiten.
Dort entdeckst du die großen Hufeisen-Trittspuren – und immer wieder Pferdeäpfel.

Typische Trittspuren der großen Waldtiere Hirsch, Reh, Wildschwein, Fuchs und Dachs findest du auf Seite 44/45.

Vogelnester und andere Tierbauten

Im Gebüsch und in den Kronen der Bäume bauen Vögel ihre Nester (typische Nester findest du auf Seite 64/65). Dort kannst du auch den Kobel des Eichhörnchens entdecken.

Löcher am Boden stammen von:

- Wald- und Rötelmäusen
- oder von verschiedenen Bodenspinnen; dann sind Eingang und Wände der Erdlöcher mit Spinnseide ausgekleidet.

Die Nester der Waldameisen werden bis zu einem Meter hoch und reichen genauso tief unter die Erde.

Tipp: Im Sommer wechseln die Vögel ihr Gefieder. Dann kannst du viele Federn auf dem Waldboden entdecken, etwa die wunderschönen blau-schwarz-weiß gemusterten vom Eichelhäher!

Fraßspuren an Blättern

Wenn du dir das Blattwerk der Sträucher und Bäume anschaust, fällt dir sofort auf, dass die Blätter mancher Pflanzen voller Löcher sind, während andere unversehrt sind. Das liegt daran, dass die Tiere sehr wohl schmackhafte Blätter von ekligen unterscheiden können – und natürlich nur die leckeren fressen. Zu den Pflanzen, die von den heimischen Tieren verschmäht werden, gehören auch fast alle nichtheimischen Arten, die aus fernen Ländern eingeführt wurden, als Gartenpflanzen verkauft werden und leicht verwildern. Das sind mehr als du denkst!

Schau dir nun die angefressenen Blätter an. Die Art der Fraßspuren gibt dir Hinweise auf die Tiere, die daran gefressen haben:

- kleine Löcher: winzige Blattkäfer
- unregelmäßige Löcher am Blattrand, oft mit kleinen Kotkrümeln: Raupen
- große Löcher plus Schleimspuren: Schnecken
- kreisrunde Löcher am Blattrand: Blattschneiderbiene
- gänzlich abgefressen, nur die Blattadern stehen noch: Blattwespen

Weitere Walderforschungsprojekte sind:

- Finde anhand der Fraßspuren heraus, wer die feinen Samen der Fichtenzapfen gefressen hat – Eichhörnchen, Mäuse, Spechte oder gar der Fichtenkreuzschnabel?
- Und wer hat am Waldrand die harte Haselnussschale geknackt – Eichhörnchen, Mäuse, Haselmäuse, Spechte oder Kleiber?

Fichtenkreuzschnabel

„Eklige" Tierspuren:

- wurstförmiger Kot mit gedrehter Spitze: Fuchskot (liegt oft auffällig auf erhöhten Plätzen, weil der Fuchs mit dem Kot sein Revier markiert)
- graue, wollige Würste: Gewölle von Eulen und Krähen (enthalten die unverdaulichen Speisereste wie Knochen, Haare, Federn, die von den Vögeln nicht mit dem Kot ausgeschieden, sondern hervorgewürgt werden; liegen oft unter den Ruhebäumen der Vögel)

Tipp: Je öfter du dich im selben Waldgebiet aufhältst, umso besser wirst du im Erkennen und Lesen von Spuren. Dann fällt dir sofort auf, wo eine Bodenstelle anders aussieht oder sich im Gebüsch etwas verändert hat. Dies alles sind Hinweise auf Tierspuren!

Die Jahreszeiten

Das ganze Jahr über kannst du im Wald Spannendes erleben und erkunden. Wie wäre es mit diesen Erkundungsprojekten?

Im Frühling

- Entdecke den ersten Schmetterling!

  Wann entdeckt? ……………………

  Welche Art? ……………………
- Finde mindestens fünf verschiedene frühblühende Blumen am Waldboden!

  ……………………

  ……………………

  ……………………

  ……………………

  ……………………
- Wo baut der Buntspecht eine Höhle? Höre genau hin, wo er trommelt und klopft.

Im Sommer

- Wann entdeckst du die erste Libelle rund um den Waldweiher oder auf Waldwegen?

  Wann entdeckt? ……………………

  Welche Art? ……………………
- Besuche diesen Weiher an einem sonnigen Morgen und beobachte an einem Schilfhalm, wie eine Libelle aus der Larvenhaut schlüpft.
- Finde mindestens fünf verschiedene Vogelfedern am Boden, bester Fundmonat ist August.

  ……………………

  ……………………

  ……………………

  ……………………

  ……………………
- Beobachte Wolfspinnen bei der Jagd am sonnigen Waldboden. Entdeckst du Weibchen mit Eikokons am Hinterleib, und vielleicht sogar eines mit winzigen Jungspinnen auf dem Rücken?

Lerne den Gesang und die Rufe dieser Waldvögel kennen – das geht im Frühling und Sommer am besten, denn dann singen sie ab den frühen Morgenstunden.

Im Herbst

- Finde mindestens fünf verschiedene Wildfrüchte!
- Finde mindestens fünf verschiedene Pilzarten!
- Wähle einen Baum aus, am besten einen Ahorn. Pflücke von Ende September bis zum Blattfall alle zwei bis drei Tage ein Blatt von diesem Baum und dokumentiere, wie sich die Blätter verfärben. Oder fotografiere diesen Baum regelmäßig, auch noch dann, wenn er beginnt die Blätter abzuwerfen.

Im Winter

- Finde mindestens fünf verschiedene Trittspuren im Schnee!
- Finde mindestens fünf verschiedene Vogelnester im Gebüsch!
- Achte auf abgefressene Fichten- und Kiefernzapfen.
- Entdeckst du viele 5-10 cm lange benadelte Triebe von Fichten auf dem Boden, so hat hier ein Eichhörnchen gefressen: Es reißt die jungen Triebe ab, um an die männlichen Blütenknospen zu gelangen.

Steinpilz

Bei Nacht im Wald

Schon ein kleiner Spaziergang durch den nächtlichen Wald ist spannend: Dabei erlebst du den Wald auf ganz andere Weise. Wenn du nicht mehr so viel sehen kannst, hörst du viel besser die vielen Laute, Rufe und Stimmen der Tiere.

Wichtig! Taschenlampe aus!

Mach im Wald die Taschenlampe aus und lasse sie auch aus. Nach ein paar Minuten haben sich deine Augen ans Dunkel gewöhnt und du kannst viel besser sehen als im begrenzten Lichtkegel deiner Lampe. Oder du verwendest eine Taschenlampe mit rotem Licht.

Waldkauz

Was hörst du?

- Mäuse rascheln im Laub.
- Ein Waldkauz ruft: An den Rufen kannst du sogar Männchen und Weibchen voneinander unterscheiden – das Männchen ruft tief „huhuhuu“, das Weibchen hingegen recht hoch „kuwitt“.
- Hörst du noch andere Vogelstimmen? Finde heraus, von welchem Vogel sie stammen.

Tipp: Wenn du ein Bellen hörst, muss das kein Hund sein – auch Rehböcke bellen nämlich. Nimm mit deinem Handy ein paar nächtliche Geräusche auf. Wer hat sie erzeugt?

Eulen

Die häufigsten Eulen bei uns sind Waldkauz und Waldohreule. Da sie besondere Federn besitzen, machen sie beim Flug keinerlei Geräusche. Das hat zwei entscheidende Vorteile für diese nächtlichen Jäger, denn ihre Hauptbeute sind Mäuse:

- Sie nehmen die leisesten Geräusche im Wald wahr – etwa das Trappeln von Mäusen auf dem Waldboden.
- Mäuse hingegen hören eine heranfliegende Eule nicht und werden von ihr überrascht.

Aha! Eulen leben und jagen das ganze Jahr über im Wald.

Fledermäuse

Auch Fledermäuse fliegen lautlos. Sie stoßen laute, hohe Ultraschallrufe aus, die unsere Ohren aber nicht hören können. Prallen diese Rufe auf ein Hindernis oder ein Beutetier (etwa einen Nachtfalter), dann schwingt das Echo der Rufe zur Fledermaus zurück und sie erkennt Hindernis oder Beute. Dann fängt sie das Beutetier. Die häufigsten Fledermäuse im Wald sind: Langohrfledermaus, Abendsegler, Rauhautfledermaus, Bartfledermaus und Mopsfledermaus.

Aha! Fledermäuse verbringen die kalte Jahreszeit winterschlafend in Höhlen oder anderen Verstecken. Darum kannst du sie nur von April/Mai bis Oktober im Wald antreffen.

Tipp: Mit viel Glück entdeckst du auch einen Dachs auf Streifzug. Er ist größer als ein Rotfuchs und viel breiter – weil er recht scheu ist, verschwindet er rasch im Gebüsch.

Eine Nacht im Wald verbringen

Erkundige dich im Forstamt oder bei örtlichen Natur- und Jugendorganisationen, ob es möglich ist, eine Nacht im Wald zu verbringen. Am Lagerort kannst du dir aus herumliegenden Ästen, Zweigen und Laub ein Lager bauen (siehe Seite 10). Dann kuschelst du dich in deinen Schlafsack, löschst die Taschenlampe und lauschst den Geräuschen im Wald.

Aha! Geisteraugen!

Wenn du eine Katze oder einen Fuchs mit der Taschenlampe anstrahlst, leuchten ihre Augen geisterhaft. Das liegt am „Leuchtenden Teppich“ – so heißt die Tapetum-lucidum-Spezialschicht im Auge dieser Tiere auf Deutsch. Sie bewirkt, dass jeder einfallende Lichtstrahl reflektiert wird und ein zweites Mal durch die lichtempfindliche Netzhaut wandert – darum können Tiere mit Geisteraugen viel besser in der dunklen Nacht sehen als wir Menschen, denn das menschliche Auge hat diese Spezialschicht nicht.

Bäume, Blumen und Pilze
erforschen

Im Wald gibt es jede Menge Pflanzen, die du das ganze Jahr über erforschen kannst – logisch, denn Pflanzen stehen (meist) stets am selben Platz und lassen sich zu jeder Zeit von dir erkunden.

Aha! Pilze sind gar keine Pflanzen, sondern bilden ein ganz eigenes Reich von Lebewesen. Am bekanntesten sind die Hutpilze, aber schau dir mal die Stämme von Bäumen an: Dort entdeckst du kappen- oder lappenähnliche Gebilde, die kleine Dächer bilden – das sind die Baumpilze.

Diese Pflanzengruppen gibt es:

Gehölze: Das sind alle Bäume und Sträucher, denn ihre Stämme, Äste und Zweige verholzen. Dadurch bleiben sie auch im Winter stehen und gehen nicht ein wie die Blumen, Kräuter und Gräser. Bei den Bäumen werden Laubbäume von Nadelbäumen unterschieden: Laubbäume besitzen flächig-breite Laubblätter, Nadelbäume hingegen schmale Nadelblätter.

So unterscheidest du Bäume und Sträucher: Bäume bilden einen dicken Stamm, während Sträucher und Büsche aus vielen dünnen Stämmen bestehen.

Blumen, Kräuter und Gräser: Diese Blütenpflanzen fallen durch ihre Blüten auf, die häufig von Insekten (Schmetterlingen, Bienen, Fliegen, Käfer, Wespen) bestäubt werden. Gräser, Brennnessel, Sauerampfer und andere Pflanzen mit unscheinbaren Blüten hingegen produzieren große Mengen an Pollen, die vom Wind zu den weiblichen Blüten transportiert werden.

Moose, Farne, Schachtelhalme: Urtümliche Pflanzen, die keine Blüten bilden. Sie vermehren sich über Sporen.

Auf Entdeckungstour:

Flechten sind keine Pflanzen, sondern eine robuste Lebensgemeinschaft aus einem Pilz und einer Alge! Sie wachsen auf vielen Stämmen, überziehen Steine oder hängen als Bärte von den Ästen herab. Wo überall entdeckst du Flechten?

Aktiv!

Finde all diese verschiedenen Pflanzen und Pilze auf deiner nächsten Forschungstour!

Laubbäume

Rot-Buche und Stiel-Eiche sind häufige Waldbäume. Aber es gibt noch viele mehr: In unseren Wäldern findest du bis zu 50 verschiedene Arten von Laubgehölzen. Wie viele verschiedene entdeckst du auf deiner Forschungstour? Nimm ein Blatt von jeder Baum- und Strauchart mit und finde heraus, wie sie heißen. Welche Baumart kommt am häufigsten vor? Zähle sie auf einer Fläche von 10 x 10 m.

So misst du, wie hoch ein Baum ist …

… wenn du die Spitze des Baumes siehst:

Du brauchst dazu eine weitere Person und ein Lineal, ein etwa 30 cm langer gerader Stock geht auch. Dann:

1. Halte das Lineal senkrecht bei ausgestrecktem Arm.
2. Suche nun die Stelle, an der das Lineal genau so lang ist wie der Baum: Es reicht vom Baumfuß bis zur Spitze.
3. Kippe nun das Lineal wie einen Uhrzeiger von 12 Uhr auf 3 Uhr, dabei bleibt das untere Ende des Lineals am Baumfuß.
4. Dirigiere die andere Person an die Stelle, an der dein Lineal endet.
5. Das Ergebnis: Der Baum ist so hoch, wie der Abstand von der anderen Person zum Baum – und den misst du aus, indem du mit 50-cm- oder 1-m-Schritten von der anderen Person zum Baum läufst.

So ermittelst du, wie alt ein Baum ist …

… wenn du eine Baumscheibe gefunden hast:

Zähle die hellen (oder dunklen) Jahresringe auf der Baumscheibe – jeder Ring steht für ein Lebensjahr. Die ältesten Ringe sind innen, die jüngsten ganz außen.

Tipp: Benutze beim Zählen bunte Stecknadeln und markiere damit jeden 5. oder 10. Jahresring.

So entstehen die Jahresringe: Bei uns können die Bäume im blattlosen Winterzustand nicht wachsen. Darum besteht ein Baumjahr aus sechs Monaten Wachstum (Frühjahr bis Herbst) und sechs Monaten Ruhezeit (Herbst bis Frühjahr). Diese Perioden sind in den Jahrringen dokumentiert: Im Frühjahr bildet sich ein heller Ring, im Herbst ein dunkler – dann ist Ruhe, im nächsten Frühjahr bildet sich ein neuer heller Ring, im Herbst ein dunkler – so geht es Jahr für Jahr, bis der Baum stirbt oder gefällt wird.

Auf Entdeckungstour:

Das habe ich beobachtet:

Aha!

Es gibt eine Wissenschaft, die Dendrologie: Sie vergleicht die Jahresringe verschiedener Bäume und Stämme, auch an den Balken von Häusern oder Truhen. So erfährt man viel über das Klima und andere Ereignisse der Vergangenheit. Denn in „guten“ Jahren bilden die Bäume viel Holz in breiten Jahresringen, in „schlechten“ Jahren hingegen sind die Ringe ganz schmal.

Aktiv!

Leg im März dein Ohr an die glatte Rinde eines Laubbaumes und lausche: Hörst du ein leises Glucksen? Das ist das Wasser, das von den Wurzeln in die Leitungsbahnen gedrückt wird und nach oben in die noch blattlose Krone steigt. Wenn der Baum Wunden hat, tropft es dort auch heraus.

Die Rot-Buche

In unseren Wäldern ist die Rot-Buche der häufigste Baum – in manchen Wäldern ist jeder dritte Baum eine Rot-Buche. Wenn diese Bäume im Frühling noch keine Blätter tragen, gelangt viel Licht auf den Boden. Darum findest du dort besonders viele bunte Frühlingsblumen wie Buschwindröschen oder Lerchensporn, die bunte Blütenteppiche bilden. Sobald sich die Blätter Anfang Mai entfaltet haben, ist es unter Buchen schattig. Schau einmal die glatten Stämme hinauf bis in die Kronen: Sie ragen wie Säulen eines Kirchturms in die Höhe und die Baumkronen bilden die gewölbte Kirchendecke.

Rot-Buchen sind vor allem wegen ihrer dreieckigen Früchte bekannt, die Bucheckern. Schon in der Steinzeit sammelten die Menschen diese ölhaltigen Früchte, die auch noch im letzten Jahrhundert in Notzeiten als Öl und Mehl gegessen wurden. Schäle eine Buchecker und koste sie: Sie schmeckt leicht nussig. Iss aber nicht so viel davon, denn manche Menschen vertragen diese Baumfrüchte nicht. Früher wurden auch die Schweine in den Buchenwald getrieben, damit sie sich dort von den Bucheckern ernähren. Halte im Frühjahr unter den Buchen auch Ausschau nach den kleinen Jungbäumchen, die dann ganz frisch aus den Bucheckern austreiben.

Steckbrief

Höhe: 10-45 m

Blütezeit: April bis Mai

Fruchtreife: September bis Oktober

Auffällige Merkmale: glatte, graue Rinde, ovale Blätter, dreieckige Bucheckern in stacheliger Hülle

Besonderes: Laub wird braun im Herbst, rötliches Holz (Name!), wichtiger Holzlieferant

Bucheckern

Auf Entdeckungstour:

- Beobachte die Blätter: Wenn sie ganz frisch entfaltet sind, sind sie hellgrün gefärbt. Später werden sie dunkelgrün.
- Fahre ganz leicht über ein Blatt: Spürst du die feinen Härchen?
- Öffne eine stachelige Bucheckernhülle und zähle, wie viele Bucheckern darin sind.

Das habe ich beobachtet:

....

....

....

Das habe ich bei der Rot-Buche entdeckt:

- ☐ Blattgallen
- ☐ Pilze, welche ....
- ☐ Insekten, welche ....
- ☐ Spinnen, welche ....
- ☐ Vögel, welche ....
- ☐ Andere Tiere, welche ....

Aktiv!

Die Hainbuche hat so ähnliche Blätter wie die Rot-Buche, darum werden sie leicht miteinander verwechselt.

Daran kannst du die beiden voneinander unterscheiden:

Hainbuche

	Rot-Buche	Hainbuche
Blatt-Oberfläche	leicht gewellt	stark geriffelt
Blattrand	glatt und gewellt	gezackt und spitz
Früchte	braune, verholzte Fruchtschalen, einzeln	hellgrün, in Blätter-trauben hängend
Borke	immer glatt	jung glatt, später netzartig gefurcht

Die Stiel-Eiche

Die Eiche ist wohl der bekannteste Baum, den es in unseren Wäldern gibt. Aus dem harten, meerwassertauglichen Holz wurden früher Schiffe gebaut, außerdem Truhen, Möbel und Fässer. Alle Häuser in Venedig stehen auf Eichenpfählen, die in den schlammigen Meeresboden gerammt wurden, und auch viele alte Häuser haben Balken aus Eichenholz.

Im Wald fallen Eichen sofort durch ihren bizarren Wuchs auf, vor allem wenn sie alt sind. Dann bilden die dicken Äste keine schöne Krone aus, sondern wachsen knorrig und eigenwillig dorthin, wo das meiste Licht einfällt. Weil Eichen auch mit feuchtem Boden zurechtkommen, wachsen sie auch gern entlang der Bäche und Flüsse im Auwald.

Eichen wachsen sehr langsam und können 1.000 Jahre alt werden: Im Alter von 20 Jahren ist eine Eiche erst zwei Meter hoch und ihr Stamm ist so dick wie ein Daumen. Mit 60 bis 80 Jahren blüht eine Eiche zum allerersten Mal und trägt dann auch die ersten Eichelfrüchte ihres Lebens. Diese typischen Baumfrüchte reifen im Herbst und sind bei vielen Tieren beliebt.

Magst du herausfinden, welche Tiere die Eiche in ihrem Namen tragen – das sind viel mehr als nur Eichhörnchen und Eichelhäher?

Steckbrief

Höhe: 20-35 m

Blütezeit: April bis Mai

Fruchtreife: September bis Oktober

Auffällige Merkmale: länglich gelappte Blätter, typische Eichelfrüchte

Besonderes: Forschende haben über 2.000 verschiedene Tierarten gezählt, die auf einer Eiche leben.

Eichel

Auf Entdeckungstour:

- Die weiblichen Blüten sitzen an langen Stielen, die männlichen hängen in langen Kätzchen herab. Wenn du die reifen männlichen Blüten anpustest, fliegen die Pollen in einer kleinen Wolke davon – Eichen werden durch den Wind bestäubt.
- Auf den Blättern findest du häufig merkwürdige Gebilde. Das sind Blattgallen (siehe Seite 28) – über 100 verschiedene kommen auf Eichenblättern vor.
- Schau dir die Eicheln an: Bei der Stiel-Eiche sitzen sie an einem 4-6 cm langen Stiel, bei der zweithäufigsten Trauben-Eiche hingegen an einem kurzen Stiel. Eicheln sind Nussfrüchte.

Das habe ich beobachtet:

....

....

....

Das habe ich bei der Eiche entdeckt:

☐ Blattgallen

☐ Pilze, welche ....

....

☐ Insekten, welche ....

....

☐ Spinnen, welche ....

....

☐ Vögel, welche ....

....

☐ Andere Tiere, welche ....

....

Aktiv!

Schnupper einmal an dem Holz frisch gefällter Eichen, die oft am Wegrand liegen: Es riecht wie Urin leicht säuerlich. Schau dir auch das Holz an: In der Stammmitte ist es dunkel, außen ist es hell. Wenn du die Jahresringe zählst (siehe Seite 20), weißt du, wie alt der Baum war.

Aha!

Schau dir die Rückseiten der kupfernen 1-, 2- und 5-Cent-Münzen von Deutschland an: Dort sind drei Eichenblätter eingeprägt! Blätter und Früchte der Eiche findest du auf vielen alten Münzen und Wappen, denn dieser Baum gilt in vielen Kulturen Europas als Symbol für Standfestigkeit, Weisheit, Treue und Heldenmut.

Noch mehr Laubbäume erforschen

Jedes Laubgehölz trägt anders geformte Blätter. An den Blättern kannst du gut die einzelnen Baumarten erkennen.

Achte auf diese Merkmale:

Rot-Buche

Hainbuche

- **Einfache Blätter mit glattem Blattrand:** Rot-Buche
- **Einfache Blätter mit gezähntem, gesägtem oder gekerbtem Blattrand:** Sal-Weide, Pappel, Erle, Birke, Hainbuche, Ess-Kastanie, Ulme, Stechpalme, Linde
- **Einfache Blätter mit gelapptem Blattrand:** Eiche, Platane, Ahorn
- **Aus mehreren Blättchen zusammengesetzte Blätter:** Walnuss, Eberesche (Vogelbeere), Robinie, Esche, Rosskastanie

Eiche

Rosskastanie

Hast du all diese Blätter gefunden?

Wie ist das mit den Blättern?

Die Laubblätter produzieren Zucker: In den grünen Zellen werden aus Wasser und Kohlenstoffdioxid mithilfe der Sonnenenergie (Licht) Zuckerverbindungen hergestellt, aus denen alles gebaut wird, was einen Baum ausmacht – Holz, Blattgewebe, Knospen, Blüten. Dieser Prozess heißt Fotosynthese – und dabei geben die Blätter auch Sauerstoff an die Luft ab. Weil über die Blätter viel Wasser verdunstet, ist es im Sommer im Wald so herrlich kühl. Über den Winter müssen die Laubbäume aber ihre Blätter abwerfen, sonst würden sie verdursten – schließlich können die Wurzeln im gefrorenen Boden kein Wasser nachziehen.

Bevor die Laubbäume ihre Blätter abwerfen, ziehen sie das kostbare Blattgrün aus den Blättern in Stamm und Wurzeln. Dort wird es über den Winter gelagert, dann werden die anderen roten, gelben und braunen Blattfarbstoffe sichtbar – und die Blätter verfärben sich. Das Blattgrün wird erst in der nächsten Blattgeneration wieder eingebaut.

Auf Entdeckungstour:

- Beobachte, wie sich im Frühling die Blätter entfalten. Sie sind schon komplett in der Knospe angelegt, so wie ein Luftballon in der Packung. Wenn dann Wasser in die Blätter strömt (so wie die Luft in den Luftballon), entfalten sie sich und werden groß.
- Vergleiche die Rinde verschiedener Bäume miteinander – manche sind glatt, andere netzartig gemustert oder weisen tiefe Furchen auf. Lege ein Blatt Papier auf die Rinde, kopiere die Struktur mithilfe von Wachsmalkreide und schreibe den Baumnamen darauf. So erhältst du ein Rinden-Herbarium.

Das habe ich beobachtet:

Aktiv!

Suche dir fünf verschiedene Baumarten aus und besuche sie jeden Monat einmal. Erkunde dabei, wie die Blüten, die Früchte und im Winter die Knospen aussehen, wie sich die Blätter entfalten und bis zum Herbst verändern.

Merkwürdige Gebilde auf Blättern erforschen

Im Sommer entdeckst du auf den Blättern von Bäumen und Sträuchern oftmals merkwürdige Kugeln, Türmchen und andere Gebilde, die eindeutig aus pflanzlichem Material wie die Blätter bestehen. Was das wohl sein mag? Es sind Blattgallen. In ihrem Innern entwickeln sich die Larven von verschiedenen kleinen Insekten und Milben.

Bei uns gibt es sehr viele verschiedene Insekten und Milben, die Gallen erzeugen. Da die Tiere so winzig klein sind, werden sie meist übersehen. Weil sie sich auch sehr ähnlich sehen, kann man sie nur schwer bestimmen. Da die erzeugten Gallen aber verschieden aussehen, kannst du daran den Erzeuger erkennen.

Diese Tierchen erzeugen Gallen:

- Gallwespen
- Gallmücken
- Gallläuse
- Gallmilben

Aber: Jede Art besucht nur die Blätter einer bestimmten Pflanzenart und die Gallen, die dann auf den Blättern entstehen, sehen bei jeder Art verschieden aus. Darum kannst du die unterschiedlichen Blattgallen gut den Tieren, die sie verursacht haben, zuordnen.

Buchengallmücke

Eichengallwespe

So kommen die Blattgallen aufs Blatt:

Im Frühjahr legt das Weibchen ein Ei in das Blatt hinein. Das spürt das Blatt und beginnt, das Ei mit neu gebildetem Gewebe zu umwuchern. So entsteht eine Verdickung, die wie eine Kugel, ein Hütchen, eine Zwiebel, eine Ananas, eine Linse oder auch ganz anders aussieht. Bald schlüpft eine winzige Larve aus dem Ei, die sich von dem Gallengewebe ernährt. Doch die Galle ist nicht nur Nahrung, sondern schützt auch das zarte Insektenkind, das sich so in Ruhe zum fertigen Insekt entwickelt und dann die Galle verlässt.

Auf Entdeckungstour:

- Halte in den Sommermonaten auf deinen Erkundungstouren Ausschau nach den Blattgallen. Du findest sie auf den Blättern der Bäume und Sträucher am Wegrand, vor allem an den Blättern von Rot-Buchen, Eichen, Linden, Ahornen und Wildrosen.
- Schneide eine Blattgalle auf. Was findest du darin?

Welche Blattgallen hast du gefunden?

Aktiv!

Früher wurde aus den großen kugelrunden Gallen der Eichengallwespe Tinte gemacht. Das geht so:

1. Suche im Herbst ein paar dieser Gallen. Wichtig: Sie müssen ein kleines Löchlein aufweisen als Zeichen dafür, dass das Insekt die Galle schon verlassen hat!
2. Gib die Gallen und einen Eisennagel in ein Glas Wasser.
3. Lass das Ganze ein paar Wochen lang stehen, bis das Wasser grau ist.
4. Koche das Wasser ein paar Minuten lang, damit die Tinte länger haltbar ist. Fertig!

Nadelbäume: die Gemeine Fichte

Nadelbäume gibt es schon viel länger als Laubbäume, denn schon zu Lebzeiten der Dinosaurier wuchsen Nadelwälder auf der Erde. Alle Nadelbäume besitzen nadelförmige Blätter. Sie bleiben das ganze Jahr über am Baum, denn eine dicke Wachsschicht bewahrt sie vor zu viel Wasserverlust. Nur Lärchen, die auch in den Höhenregionen der Gebirge vorkommen, verlieren über den Winter ihre Nadeln. Die „Früchte" der Nadelbäume sind die braunen Zapfen: Unter den harten Zapfenschuppen sitzen die feinen Samen.

Die häufigsten Nadelbäume bei uns sind die Gemeine Fichte mit den spitzen Nadelblättern und die Wald-Kiefer mit langen Nadeln, die stets zu mehreren in Büscheln stehen. Weiß-Tannen gedeihen nur in höheren Gebirgslagen, ihnen ist es in den Mischwäldern der Ebenen zu warm. Die giftigen Eiben tragen breitere Nadelblätter und rote Früchte mit einem dunkelvioletten Samen statt der braunen Zapfen. In den Wäldern werden auch immer häufiger Douglasien gepflanzt, weil sie rasch wachsen und daher schnell Holz liefern. Diese Nadelbäume stammen ursprünglich aus Nordamerika. Reibst du mit deinen Fingern an den Nadeln, so duften sie nach Zitronen. Lecker!

Steckbrief Gemeine Fichte

Höhe: 30-50 m

Blütezeit: Mai bis Juni

Fruchtreife: September bis November

Auffällige Merkmale: spitze, sehr harte Nadeln, hängende Zapfen

Besonderes: Aus Fichtenholz werden Häuser, Möbel und Streichinstrumente gebaut.

Auf Entdeckungstour:

- Betrachte ein Nadelblatt unter der Lupe.
- Im Frühsommer sind die Zweigenden noch hellgrün. Das ist der frische Austrieb. Miss, wie lang er ist.
- Schau dir die Zapfen an: Bei feuchtem Wetter liegen die Schuppen dicht an, bei trockenem Wetter stehen sie ab.
- Wer hat an den Zapfen gefressen? Um an die nährstoffreichen Samen zu gelangen, entfernen Mäuse, Eichhörnchen, Spechte und andere Tiere auf ihre Weise die harten Schuppen.

Das habe ich beobachtet:

....

....

Diese Nadelbäume habe ich entdeckt:

- ☐ Gemeine Fichte
- ☐ Wald-Kiefer
- ☐ Eibe
- ☐ Lärche
- ☐ Weiß-Tanne
- ☐ Douglasie

Aktiv!

Eine Fichte ist keine Tanne! Diese beiden Nadelbäume kannst du leicht voneinander unterscheiden:

1. Fichten besitzen lange, hängende Zapfen, die als Ganzes abgeworfen werden und dann auf dem Boden liegen. Die Zapfen der Tannen hingegen stehen auf den Ästen – und weil sie auf dem Baum zerfallen, findest du niemals Tannenzapfen auf dem Boden.
2. Die spitzen Nadeln der Fichten stehen rundherum um den Zweig, die weichen Nadeln der Tannen stehen in zwei Reihen am Zweig.

Laubsträucher: die Haselnuss

Vor rund 8.000 Jahren hatten es die Eichhörnchen und Eichelhäher bei uns so richtig gut, denn damals wuchsen bei uns riesige Hasel-Wälder. Heute findest du diesen häufigen Strauch vor allem am Waldrand oder an gebüschreichen Stellen in lichten Wäldern. Die Hasel-Blüten erscheinen schon vor den Blättern an den ersten warmen Tagen im Frühjahr. In den Blättern kannst du oft Löcher entdecken, denn sie werden von verschiedenen Schmetterlingsraupen gefressen. Wenn du zusammengewickelte Blätter findest, so hast du die Kinderstube der Haselblattroller gefunden: Das Weibchen wickelt ein Blatt zusammen und legt ein Ei hinein.

Im Herbst reifen die bekannten Haselnüsse heran, die von einem zerschlitzten, tütenförmigen Blatt umgeben sind. Diese ölreichen Samen werden von vielen Tieren gefressen, von Kleibern, Spechten, Eichelhähern, Eichhörnchen, Siebenschläfern und Haselmäusen. Verweile dann in einigen Metern Abstand an einem Haselstrauch und beobachte, wer alles kommt.

Aus den frisch gesammelten Haselnüssen kannst du dir deine eigene Nussschokolade machen: Öffne die harten Schalen von einer Handvoll Haselnüsse mit einem Nussknacker. Dann schmilzt du 100 g Schokolade und rührst die Haselnüsse hinein. Gib die flüssige Schokolade in eine flache, mit Backpapier ausgelegte Form und lass sie erkalten.

Steckbrief

Höhe: 2-5 m

Blütezeit: Februar bis April

Fruchtreife: September bis Oktober

Auffällige Merkmale: Strauch mit rundlichen, weich behaarten Blättern, im Frühjahr Blütenkätzchen, im Herbst Nussfrüchte mit harten Schalen, die von einer grünen Blatthülle umgeben sind

Besonderes: wächst häufig in Mischwäldern und am Waldrand im Gebüsch

Auf Entdeckungstour:

- Schau dir die gelben, bis zu 8 cm langen Blütenkätzchen an – es sind die männlichen Blüten, die viele Pollen freisetzen. Der Wind trägt sie zu den karminroten weiblichen Blüten, die wie kleine Pinsel aussehen. Entdeckst du sie?
- Besuche von Frühling bis zum Herbst immer wieder den Haselstrauch und beobachte, wie sich aus den weiblichen Blüten die Haselnüsse entwickeln. Wann sind sie grün? Wann reif?
- Beobachte Tiere beim Ernten der Nüsse. Wie öffnen sie die harten Schalen?

Das habe ich beobachtet:

....

....

Das habe ich bei der Hasel entdeckt:

- ☐ Blattgallen
- ☐ Pilze, welche..
- ☐ Insekten, welche..
- ☐ Spinnen, welche...
- ☐ Vögel, welche..
- ☐ Andere Tiere, welche...

Aktiv!

Haselmäuse sind keine Verwandten von Hausmaus und Ratte, sondern mit dem Siebenschläfer verwandt. Im Herbst fressen sie besonders gern Haselnüsse, die sie mit einem kreisrunden Loch öffnen. Findest du unter Haselsträuchern solche Schalenreste, melde deinen Haselmaus-Fund unter www.nabu.de/nussjagd.

Wildfrüchte erkunden

Im Sommer und Herbst leuchten viele bunte Beeren und Wildfrüchte an den Büschen. Sie locken vor allem Vögel an, denn die sollen die Früchte fressen – dann scheiden die Vögel die Samen mit dem Kot aus und verbreiten so die Pflanzen. Vögel fressen alle Wildfrüchte, doch für uns Menschen sind manche giftig. Andere Wildfrüchte wie Himbeeren oder Brombeeren sind einfach lecker – darum solltest du dich gut bei den Wildfrüchten auskennen und genau wissen, wie sie heißen.

Betrachte die verschiedenen Wildfrüchte ganz genau. Anhand von Form, Farbe und Größe, aber auch mithilfe der Blätter und anderer Kennzeichen lernst du sie voneinander zu unterscheiden.

Das sind die häufigsten Wildfrüchte, die an Sträuchern gedeihen:

Rote Wildfrucht:	Typische Merkmale	Früchte reif
 Himbeere	Strauchartiges, stacheliges Gestrüpp, 3- oder 5-geteilte Blätter, purpurrote Früchte	Juni bis September
 Vogelbeere	Bis zu 15 m hoher Baum, aus 9 Blättchen bestehende Blätter, weiße Blüten in Schirmen, kugelige, orangerote bis rote Früchte in Schirmen	August bis Oktober
 Kornelkirsche	Bis zu 6 m hoher Strauch, längliche Blätter, kräftig rote, bis zu 2 cm lange Früchte sehen wie längliche Kirschen aus	August bis September
 Roter Holunder	Bis zu 3 m hoher Baum, knallrote Früchte in aufrecht stehenden, ovalen Rispen	Ab Juli
 Geißblatt	Mehrere glänzend rote oder orange Beeren am Zweigende	Ab August
 Nachtschatten	Länglich-tomatenähnliche Früchte an grünen Pflanzen, gleichzeitig blühen violette Blüten	Ab Juli
 Heckenkirsche	Kugelige rote oder schwarze Früchte meist zu zweit an kurzen Stielen	Ab Juni
 Schneeball	Rote oder schwarze ovale Früchte zu vielen in Schirmen	Ab September

giftig! essbar!

Auf Entdeckungstour:

- Beobachte, welche Vögel die Früchte fressen. Entdeckst du noch andere Tiere?
- Mach Fotos von allen Wildfrüchten, die du im Wald entdeckst. Notiere, wo sie wachsen (Wegrand, Waldrand, etc.) und wann sie reif sind. Finde heraus, wie sie heißen.
- Besuche die Sträucher im Frühjahr und lerne ihre Blüten kennen. Wer besucht die Blüten?

Blaue & schwarze Wildfrucht:	Typische Merkmale	Früchte reif	
 Brombeere	Strauchartiges Gestrüpp mit vielen Stacheln (!), 5-teilige Blätter, tiefblaue bis schwarze Früchte	Juli bis Oktober	✓
 Schlehe	Strauch mit kräftigen, langen Dornen (!), länglich-ovale, bis zu 5 cm lange Blätter, kugelrunde, schwarzblaue Früchte mit grauem Belag	August bis Oktober	✓
 Schwarzer Holunder	Strauch oder kleiner Baum, 5-teilige Blätter, schwarz-violette Früchte in hängenden Schirmen mit roten Stielen	August bis September	✓ nur gekocht!
 Faulbaum	Ganzrandige Blätter, grüne, rote und schwarz-violette Früchte gleichzeitig einzeln am Strauch	Ab Juli	☠
 Tollkirsche	Einzeln stehende, glänzend schwarze Früchte umgeben von 5 grünen Kelchblättern	Ab August	☠
 Liguster	Runde, schwarz glänzende Früchte locker zu vielen an Zweigenden, kleine längliche Blätter	Ab Juli	☠

Aktiv!

Himbeeren und Brombeeren sind leicht zu erkennen. Du kannst diese reifen Früchte im Wald pflücken. Doch aufgepasst: Nimm dich in Acht vor den vielen Stacheln! Obwohl die Himbeeren und Brombeeren kleiner sind als die im Garten, schmecken sie umso intensiver!

Frühlingsblumen

Bevor die Laubbäume ihre Blätter entfalten, blühen am Waldboden ganz viele Blumen. Denn nur dann fällt genügend Licht auf den Boden, damit Buschwindröschen, Lerchensporn, Veilchen und all die anderen Blumen aufblühen können. Sobald nämlich Buchen, Eichen und die anderen Laubbäume Blätter tragen, liegt der Waldboden bis zum herbstlichen Blattfall im tiefen Schatten. Dann ist es zu dunkel für die Blumen unter den Bäumen – die haben dann schon geblüht, Samen und Früchte gebildet und ruhen bis zum nächsten Frühling.

Viele Frühlingsblumen bilden dichte Blütenteppiche, andere wachsen in kleinen Büscheln – weil die ersten Hummeln und andere frühe Insekten zu den Blütenbesuchern gehören, gibt es dort immer was zu entdecken.

Entdecke diese Frühlingsblüher:

Weiße Blüten:

- Buschwindröschen, ab März
- Lerchensporn, ab April
- Sauerklee, ab April
- Waldmeister, ab April
- Bärlauch, ab April

Gelbe Blüten:

- Huflattich, ab März
- Scharbockskraut, ab April
- Schlüsselblumen, ab April

Blaue Blüten:

- Veilchen, ab März
- Leberblümchen, ab April

Pflücke von jeder Pflanze ein oder zwei Blüten und presse sie zwischen dicken Büchern. Wenn du die gepressten Blüten auf Papier aufklebst und mit Namen, Fundort und Funddatum beschriftest, erhältst du ein Herbarium.

Aktiv!

Zwei Blumen unter den Frühblühern duften besonders intensiv: Der Bärlauch an feuchten Waldstellen riecht schon von Weitem streng nach Zwiebeln und Knoblauch. Der Waldmeister duftet erst beim Welken. Pflücke ein kleines Sträußchen und lass die Pflanze trocknen, dann zerreibe sie zwischen deinen Fingern – es duftet wie Waldmeister!

Auf Entdeckungstour:

- Schau dir Veilchen an: Die abgeblühten Blumen senken sich auf den Boden, denn die sich darin entwickelnden Samen werden von Ameisen geerntet und im Wald verteilt.
- Reibe an den Blättern der Knoblauchsrauke, die an Waldwegen wächst und weiß ab Mai blüht: Sie riechen nach Knoblauch.
- Besuche abends die kolbenförmigen Blütenstände des Aronstabs (giftig): Der Kolben wird dann bis zu 40 Grad Celsius warm und riecht nach Urin. Das lockt kleine Mücken an, die die unscheinbaren Blüten am Kolbengrund bestäuben.

Das habe ich beobachtet:

....

....

Aronstab

Steckbrief Waldmeister

Höhe: 5-25 cm

Blütezeit: April bis Juni

Auffällige Merkmale: vierkantiger Stängel, längliche Blättchen sitzen in mehreren Etagen rund um den Stängel, kleine weiße Blütchen

Besonderes: wächst an schattigen Stellen, wurde früher zum Füllen von Betten verwendet, duftet fein, ergibt Waldmeistereis und -götterspeise

Steckbrief Bärlauch

Höhe: 15-50 cm

Blütezeit: April bis Juni

Auffällige Merkmale: längliche Blätter, weiße Sternblüten mit 6 Blütenblättern zu vielen am Stängelende

Besonderes: Die essbaren Blätter sehen so ähnlich wie giftige Maiglöckchenblätter aus – aber nur sie riechen intensiv nach Knoblauch!

Blumen im Sommerwald: Springkraut

Im Sommer findest du Blumen fast nur noch an den hellen Stellen im Wald, am Wegrand, auf Lichtungen und natürlich am Waldrand. Sie brauchen nicht so viel Licht wie die Wiesenblumen. Häufige Waldblumen sind die bis zu 1,5 m hohen rosaroten Weidenröschen, verschiedene Storchschnabelarten mit den typischen storchschnabelartigen Fruchtknoten, die bei verblühten Blüten stehen bleiben, dann die gelben löwenzahnähnlichen Korbblüten des bis zu 50 cm hohen Habichtskrauts sowie an manchen Stellen die hübschen, giftigen Fingerhüte. Schau dir bei den Fingerhutblüten die dunklen Flecken am Blütengrund an – sie sind Wegweiser für die Hummeln, die sie in die Tiefe der Blüte leiten. An feuchten Stellen wächst das hohe Mädesüß mit den gelblich weißen, süß duftenden Blütchen, die dicht beisammen stehen.

Eine besonders interessante Waldpflanze ist das gelbe Springkraut. Aus den goldgelben Blüten mit dem langen trichterförmigen Sporn am Ende, die an feinen Stielchen hängen, entwickeln sich grüne dicke Fruchtkapseln. Wenn sie reif sind, platzen sie ganz plötzlich auf und die Samen schießen heraus. Das kannst du selbst erleben, wenn du die reifen Früchte berührst: nicht erschrecken!

Steckbrief Großes Springkraut

Höhe: 50-80 cm

Blütezeit: August

Auffällige Merkmale: eiförmige Blätter, zitronengelbe Blüten, grüne Kapselfrüchte

Besonderes: heißt auch „Rühr-mich-nicht-an"; das Kleine Springkraut hat kleine gelbe Blüten. Seit ein paar Jahren breitet sich bei uns das hohe, rosablühende Indische Springkraut aus, das von Juni bis Oktober blüht.

Auf Entdeckungstour:

- Erkunde die sommerblühenden Blumen: Wie viele verschiedene entdeckst du auf deiner Walderkundungstour? Welche kommt am häufigsten vor?
- Achte darauf, wer die Blüten besucht: Das sind Schmetterlinge, Bienen, Hummeln, Schwebfliegen, Käfer und andere Insekten.
- Distelblüten werden besonders gern von Schmetterlingen besucht, weil ihr Nektar der beste von allen ist. Welche Schmetterlinge hast du beobachtet?

Das habe ich beobachtet:

....

....

Diese Blumen habe ich entdeckt:

- ☐ Beinwell
- ☐ Fingerhut
- ☐ Brennnesseln
- ☐ Habichtskraut
- ☐ Kratzdisteln
- ☐ Mädesüß
- ☐ Springkraut, welches ....
- ☐ Storchschnabel, welchen ....
- ☐ Weidenröschen

Aktiv!

Auf Waldwiesen und in lichten Laubwäldern wächst eine unserer schönsten heimischen Wildblumen, die Türkenbundlilie. Bei Dunkelheit verströmen die Blüten einen schweren, süßen Duft, der Nachtfalter anlockt. Wenn du diese Blume entdeckst, freu dich! Du darfst sie nicht pflücken, denn sie steht unter Naturschutz!

Moose und Farne

Sie sind die erdgeschichtlich ältesten Pflanzen in unseren Wäldern. Moose gedeihen in feuchten, schattigen Laub- und Nadelwäldern, wo sie am Boden oft große Polster bilden. In den Polstern speichern Moose wie ein Schwamm enorme Mengen an Wasser – darum spielen sie im Wasserhaushalt der Wälder eine große Rolle. Die Moospolster bieten auch sehr vielen kleinen Tieren einen wichtigen Lebensraum. Besonders hübsch sind das häufige Katharinen- und das Sternmoos, an sonnigeren Stellen breitet sich Kranzmoos aus. An trockenen Stämmen wächst das Zypressenmoos. Stehen über den Moospolstern Gebilde, die an kleine Lämpchen, Fackeln oder Gräser erinnern, so sind das die sporenbildenden Teile, mit denen sich die Moose verbreiten.

Farne waren die allerersten Pflanzen, die an Land gewachsen sind. Diese urzeitlichen Pflanzen bilden ebenso wie Moose keine Blüten. Sie vermehren sich über Sporen, die in kleinen dunklen Häufchen auf den Unterseiten der Farnwedel gebildet werden. In unseren Wäldern bildet der weit verbreitete Adlerfarn oft dichte Bestände, in denen dann keine jungen Bäume mehr aufwachsen können. Der ähnliche Buchenfarn ist eine typische Waldpflanze in Buchenwäldern, in Eichen- und Esskastanienwäldern ist der Wurmfarn weit verbreitet.

Steckbrief Welliges Katharinenmoos

Höhe: bis zu 8 cm

Blütezeit: August

Auffällige Merkmale: sternförmig angeordnete Blätter, walzenförmige Sporenkapseln mit rötlichen Stielen

Besonderes: überall häufig, kann das zwanzigfache Gewicht an Wasser speichern

Auf Entdeckungstour:

- Untersuche die Tierwelt in einem Moospolster.
- Halte im Frühjahr an schattig-feuchten Stellen Ausschau nach den „Bischofsstäben" der frisch austreibenden Farne.
- Schau dir die Unterseiten der Farnwedel an. Entdeckst du die runden Häufchen mit den Sporen?

Das habe ich beobachtet:

....

....

Diese Pflanzen habe ich entdeckt:

- [ ] Moose, welche ....
- [ ] Farne, welche ....
- [ ] Schachtelhalm

Aktiv!

Im Sommer kannst du an feuchten Stellen am Wegrand die bis zu 60 cm hohen Sprosse des Waldschachtelhalms entdecken. Die grünen Ästchen stehen in mehreren Etagen rund um den Spross, der wie teleskopartig ausgezogen wirkt. Fraßspuren stammen von den Raupen der Blattwespen. Stell dir vor: In den urzeitlichen Karbonwäldern vor über 300 Millionen Jahren wuchsen die Schachtelhalme zu über 15 m hohen Bäumen!

Pilze erforschen

Feuchte Herbsttage sind Pilztage. Besonders viele Pilze wachsen in den Wäldern, weil ihr Wurzelgeflecht eine lebensnotwendige Verbindung mit den Wurzeln bestimmter Bäume hat. Die typischen Hüte der Pilze findest du aber rund ums Jahr im Wald: Spitzmorcheln etwa erscheinen schon im Frühling, ab Juli/August geht es dann so richtig los: Nach ein paar Regentagen kannst du viele Pilze unter Fichten, Buchen, Eichen und anderen Waldbäumen entdecken.

Pilze mit dem typischen Hut werden in zwei Gruppen eingeteilt. Schau dir dazu die Unterseite des Huts an: Bei den Lamellenpilzen stehen dort feine Lamellen dicht beieinander – so wie beim Champignon. Bei den Röhrenpilzen siehst du auf der Unterseite eine schwammige Masse mit vielen feinen Poren, so wie beim Steinpilz.

Lamellenpilz

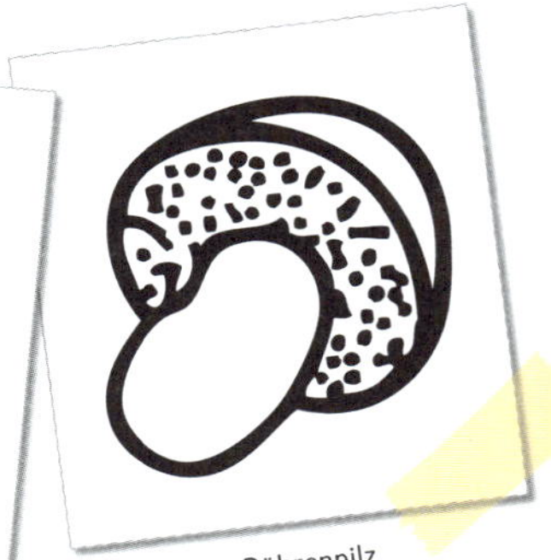

Röhrenpilz

Auf deinen Pilzerforschungstouren solltest du auf ein paar besondere Pilze achten:

- Erdsterne: sehen wie braune Sterne aus, die eine Kugel tragen
- Kartoffelbovist, giftig: runde Pilzkörper, die wie Kartoffeln aussehen
- Orange-Becherling: sehen wie leere Orangenschalenhälften aus
- Stinkmorchel: Der reife Kopfteil stinkt stark und lockt Fliegen an.
- Tintenfischpilz: sieht aus wie ein roter Schaumstoff-Tintenfisch, aus Neuseeland eingeschleppt

Steckbrief Fliegenpilz

Hut: 10-20 cm groß

Erscheint: Juli bis November

Auffällige Merkmale: Lamellenpilz, weißer Stiel, roter Hut mit weißen Flecken

Besonderes: Der Fliegenpilz ist ein Giftpilz, die weißen Flecken können vom Regen abgewaschen werden.

Auf Entdeckungstour:

- Halte Ausschau nach einem „Hexenring“, wenn Pilze im deutlich sichtbaren Kreis wachsen.
- Baumpilze findest du häufig an morschen Baumstümpfen und gefällten Stämmen.
- Schau dir auch herumliegende Äste an: braune Kugeln, schwarze Flecken, orangebraune Pusteln und ähnliche „Ausschläge“ stammen meist von Pilzen.
- Viele Waldtiere fressen gern Pilze, auch solche, die für uns giftig sind! Ihre Fraßspuren kannst du auf den Pilzen entdecken. Larven und Maden in den Pilzen stammen von Fliegen und Mücken, die sich darin entwickeln.

Das habe ich beobachtet:

....

....

Diese Pilze habe ich entdeckt:

Unter Fichten:

☐ Fichten-Steinpilz (August-November)

☐ Echter Pfifferling (Juli-Oktober)

☐ Fliegenpilz (**giftig**, Juli-November)

Unter Kiefern:

☐ Butterpilz (August- November)

Unter Buchen:

☐ Sommer-Steinpilz (Juli -Oktober)

☐ Herbsttrompete (August-November)

Unter Eichen:

☐ Sommer-Steinpilz (Juli-Oktober)

☐ Grüner Knollenblätterpilz (**tödlich giftig**, Juli-Oktober)

Unter Weiß-Tannen:

☐ Spitz-Morchel (April-Juni)

Im Auwald:

☐ Austernseitling (Baumpilz, Dezember-Januar)

☐ Stockschwämmchen (Juni -September)

Aktiv!

Achte auf die Baumpilze, die wie kleine Dächlein an den Baumstämmen stehen. An der Stellung des „Daches“ kannst du erkennen, ob der Baumpilz schon den lebenden, also aufrecht stehenden Stamm besiedelt hat oder erst im Liegen, nachdem er gefällt wurde. Das „Dach“ steht nämlich immer waagerecht am Stamm.

Große Waldtiere erforschen

Hirsch, Reh, Wildschwein, Fuchs, Dachs, Wolf und der seltene Luchs sind die größten Tiere in unseren Wäldern. Braunbären wurden bei uns ausgerottet. Auch Wolf und Luchs galten lange Zeit als ausgerottet. Doch einzelne Wölfe oder Rudel sind aus den Nachbarländern zu uns gewandert und erobern die Wälder zurück. Heute ist der Wolf bei uns wieder heimisch. Ebenso hat eine geringe Anzahl der scheuen Luchse ihren Weg wieder zu uns gefunden.

Weil Hirsche, Rehe, Wildschweine und andere große Waldtiere nachtaktiv und oft auch sehr scheu sind, kannst du auf deinen Waldtouren meist „nur“ ihre Spuren entdecken. So sehen ihre typischen Trittspuren aus:

Hufabdrücke

Rothirsch

Abdruck aus 2 Hufen
6-9 cm lang,
4-7 cm breit

Reh

Abdruck aus 2 Hufen
3,5-5 cm lang,
2-3 cm breit

Wildschwein

Abdruck aus 2 Hufen + 2 Afterklauen
8-12 cm lang, 6-7 cm breit

Noch mehr Wildschwein-Spuren

Vor allem Wildschweine verraten ihre Anwesenheit mit deutlich sichtbaren Spuren.

- umgepflügte Wegränder, Wiesen und Felder: Hier haben Wildschweine den Boden mit ihrer harten Rüsselscheibe umgepflügt, um Nahrung zu finden.
- schlammige Senke: Hier nehmen Wildschweine gern ein Schlammbad, um ihr Fell von Parasiten zu reinigen. Achte auf die typischen Trittspuren im weichen Boden.
- Baum mit Scheuerspuren in 50-100 cm Höhe: Hier haben sich Wildschweine den Schlamm vom Fell gerieben.

Schau genau hin: Sind die Scheuerspuren in 1-1,5 m Höhe, so haben sich hier Rothirsche das Fell abgeschrubbt!

Im Auwald zu Hause

In manchen Gebieten breiten sich Biber entlang der Gewässer aus und hinterlassen in den Auwäldern ihre typischen Spuren: gefällte Bäume mit den bleistiftspitzenähnlichen Nagespuren. Im und am Wasser entdeckst du ihre großen Burgen aus Ästen und Zweigen.

Pfotenabdrücke

Rotfuchs

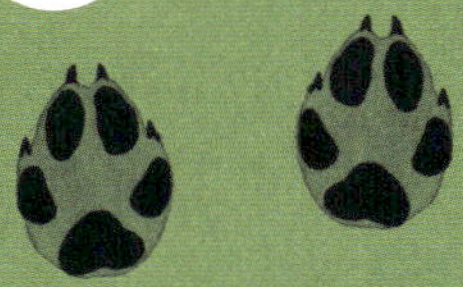

Abdruck aus 4 Zehenballen und 1 Hauptballen
4-5 cm lang, 3-4 cm breit

Dachs

Abdruck aus 5 Zehenballen und 1 Hauptballen + 5 Zehen mit langen Krallen
5-7 cm breit, 4-5 cm lang

Was raschelt da im Laub?

Wenn du leise bist, hörst du es im Laub rascheln. Halte inne und schau, wer denn da geraschelt hat. Es können verschiedene Tiere gewesen sein:

Mäuse
Im Wald leben vor allem Rötelmäuse, Waldmäuse und Gelbhalsmäuse. Wenn das Rascheln von einer Maus stammt, dann war es meist eine Rötelmaus. Diese häufigste Wühlmaus unserer Wälder hat einen kurzen Schwanz. Wald- und Gelbhalsmaus besitzen als Echte Mäuse einen körperlangen Schwanz. Waldmäuse leben eher am Waldrand, Gelbhalsmäuse eher im Innern der Wälder. Beide sind vor allem nachts aktiv und können hervorragend klettern – die Gelbhalsmaus baut ihr Nest aus Blättern und Gras unter Baumstümpfen, die Waldmaus gräbt Gänge in den Boden. Beide ernähren sich von Samen und Früchten, Insekten, Schnecken und Würmern.

Vögel
Amseln und Singdrosseln suchen auf dem Waldboden nach Insekten aller Art. Dazu wenden sie das Falllaub um – es raschelt. Wenn du eine bei ihrem Tun entdeckt hast, fliegt sie oft auf. Auch Zaunkönige und Rotkehlchen halten sich gern am Waldboden zwischen dichtem Gestrüpp auf. Dort bauen sie auch ganz versteckt ihre Nester.

Kleine Tiere
Wolfspinnen wuseln an sonnigen Stellen oft zu vielen am Boden, denn sie jagen im Sommer ohne Netze kleine Bodentiere.

Steckbrief Rötelmaus

Länge: 8-12 cm plus 3-6 cm Schwanz

Auffällige Merkmale: rostbraun mit weißem Bauch und weißen Füßen, mittelgroße Augen, kurze runde Ohren, kurzer borstiger Schwanz

Ernährt sich von: Früchten, Wurzeln, Blättern, Rinde, Insekten, Vogeleiern, jungen Vögeln

Besonderes: tag- und nachtaktiv, klettert geschickt im Geäst, legt ober- und unterirdische Tunnel und Gänge an, wirft 4- bis 5-mal im Jahr 3-7 Junge

Auf Entdeckungstour:

- Einen Maulwurfhaufen im Wald entdeckt? Das kann schon sein, denn Maulwürfe besiedeln auch lichte Wälder.
- Findest du rund um einen Stein aufgeschlagene Schneckenhäuschen, so hast du eine Schneckenschmiede der Singdrossel gefunden: Um an das weiche Innere zu gelangen, schlägt sie die Schneckenhäuschen auf einem harten Gegenstand auf.

Das habe ich beobachtet:

....

....

Diese Tiere habe ich entdeckt:

- [ ] Rötelmaus
- [ ] Erdmaus
- [ ] Waldmaus
- [ ] Gelbhalsmaus
- [ ] Amsel
- [ ] Singdrossel
- [ ] Zaunkönig
- [ ] Rotkehlchen
- [ ] Wolfspinne
- [ ] Anderes Tier: ....

Aktiv!

Hast du eine Rötelmaus aufgespürt, so bleibe ganz ruhig stehen: Beobachte sie bei ihrem Treiben. Wenn du ein paar Vogelfutter-Sonnenblumenkerne dabei hast, leg sie auf den Boden. Vielleicht holt sie sich ja ein paar Kerne.

Das Eichhörnchen

Das kleine Eichhörnchen ist sicherlich das putzigste Waldtier. Weil es so munter und oft auch wenig scheu ist, macht das Beobachten so viel Freude. Wenn du ein Eichhörnchen entdeckst, bleib stehen und beobachte es eine Weile.

Eichhörnchen sind meisterhafte Kletterer: Dank ultralanger, spitzer Krallen können sie perfekt die Stämme hinauf und kopfüber auch wieder hinunterklettern. In den Bäumen sucht das Eichhörnchen nach Nahrung und findet Schutz vor Feinden. Auch sein Nest, den runden Kobel aus Ästen und Zweigen, baut es in der Baumkrone. Es liegt stets in der Nähe des Stammes und besitzt mehrere Ein- und Ausgänge. Jedes Eichhörnchen baut mehrere Kobel, damit es im Notfall umziehen kann. Auch die Jungen kommen im Kobel zur Welt. Im Juni kannst du dann beobachten, wie die kleinen Eichhörnchen im Geäst das Klettern lernen.

Eichhörnchen haben lange scharfe Schneidezähne, mit denen sie problemlos harte Nussschalen öffnen. Auch das müssen die Kleinen erst lernen. Im Winter ruhen die Eichhörnchen die meiste Zeit in ihrem dick mit Blättern ausgepolsterten Kobel. Wenn sie Hunger haben, suchen sie am Boden nach den versteckten Vorräten: Sie haben nämlich im Herbst ganz viele Eicheln und andere Baumfrüchte gesammelt und als Winterfutter versteckt.

Steckbrief

Länge: 20-30 cm plus 20 cm Schwanz

Auffällige Merkmale: länglicher Körper, langer buschiger Schwanz, bei uns gibt es rotbraune bis schwarze Eichhörnchen

Ernährt sich von: Baumfrüchten wie Nüssen, Eicheln und Bucheckern, Pilzen, Nadelbaumsamen in den Zapfen, Beeren, Schnecken, Insekten, Vogeleiern

Besonderes: kann meterweit von Ast zu Ast springen, das einzige Säugetier, das den Baumstamm hinauf und kopfüber wieder hinunterklettern kann

Auf Entdeckungstour:

- Welche Farbe hat das Fell der Eichhörnchen in „deinem“ Wald? Bei uns gibt es nämlich solche mit dunkelbraunem und mit rotbraunem Fell.
- Achte auf die Ohren: Im Sommer sind sie kahl, im Winter tragen sie wie kleine Mützchen dichte Pinselhaare.
- Suche nach Fichtenzapfen, die von einem Eichhörnchen abgefressen wurden. Du erkennst sie daran, dass die Schuppen mit einem Ruck herausgerissen wurden. Sie sehen struppig aus.
- Halte Ausschau nach den Kobeln.

Das habe ich beobachtet:

....

....

....

....

Dort habe ich Eichhörnchen entdeckt:

- ☐ im Gebüsch
- ☐ am Waldrand
- ☐ auf dem Waldweg
- ☐ auf einer Lichtung
- ☐ rund um Baumstümpfe
- ☐ wie es am Baumstamm klettert
- ☐ nur ein Eichhörnchen
- ☐ mehrere Eichhörnchen: .... (gezählt)

Aktiv!

Biete den Eichhörnchen eine mit Eicheln, Haselnüssen und Kastanien gefüllte Box an. Beobachte, wie sich das Eichhörnchen am Futter bedient, wie es die harten Schalen öffnet und wie es frisst. Stoppe die Zeit, wie lange es benötigt, um eine Nuss zu öffnen.

Der Rotfuchs

Füchse sind intelligente Waldtiere, die auch unsere Siedlungen und Städte erobert haben. Wundere dich also nicht, wenn dir nachts mitten in der Großstadt ein Fuchs auf der Rolltreppe begegnet. Ihr wichtigster Lebensraum ist aber der Wald. Dort ruhen sie tagsüber meist in unterirdischen Bauen, unter Wurzelstöcken und anderen Hohlräumen, die sie erst bei Anbruch der Dunkelheit verlassen.

Die meiste Zeit der Nacht sind Füchse in ihrem Revier rund um den Bau unterwegs. Sie beobachten genau, was in ihrem Revier passiert und markieren die Grenzen mit ihrem Kot und Urin, damit kein anderer Fuchs sie überschreitet.

Die Hauptnahrung der Füchse sind Mäuse: Sie schleichen sich auf leisen Pfoten an eine Maus heran und überwältigen sie mit einem hohen Sprung. Gibt es nur wenige Mäuse, so fressen sie alles, was sie finden können. Im Winter werden die Füchse unruhig, weil dann Paarungszeit ist.
Vor allem von Dezember bis Februar hörst du dann das laute, heisere Bellen der Füchse.

Steckbrief

Länge: bis zu 75 cm plus 50 cm Schwanz

Auffällige Merkmale: rotbraunes Fell, langer buschiger Schwanz, hundeähnlicher Kopf

Ernährt sich von: Mäusen, Insekten, Aas, Obst (Kirschen, Beeren), auch von Nahrungsresten

Besonderes: kommt bei uns überall vor, Füchse sind schon im Alter von einem halben Jahr selbstständig.

Auf Entdeckungstour:

- Füchse markieren mit ihrem Kot ihr Revier: Findest du 6-10 cm lange Kotwürste auf Baumstümpfen, Grasbüscheln, größeren Steinen oder mitten auf dem Weg, so stammen sie meist vom Rotfuchs. Schau ihn dir nur an – im Sommer enthält er auch viele Kirschkerne.
- Achte auf Trittspuren der Füchse: Sie ähneln denen der Hunde, sind 4-5 cm lang und 3-4 cm breit.

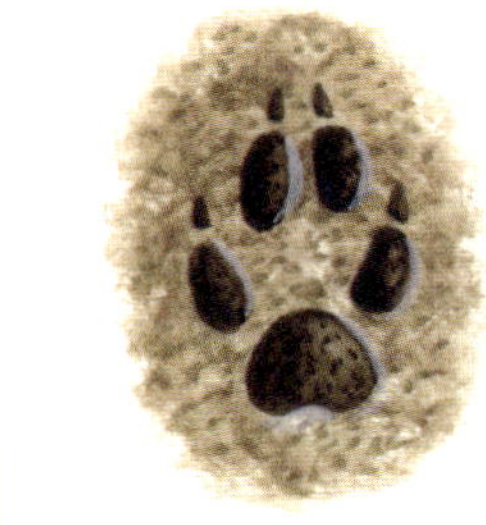

Trittspur Fuchs

Das habe ich beobachtet:

....

....

....

Dort habe ich Rotfüchse entdeckt:

- ☐ unter Bäumen
- ☐ im Gebüsch
- ☐ am Waldrand
- ☐ auf dem Waldweg
- ☐ auf einer Lichtung
- ☐ Kot vom Rotfuchs
- ☐ nur ein Rotfuchs
- ☐ mehrere Rotfüchse: .... (gezählt)

Aktiv!

Im Juni verlassen die jungen Füchse zum ersten Mal den Bau, in dem sie geboren wurden. Dann kannst du beobachten, wie sie spielen, herumtollen und langsam die Welt um den Bau kennenlernen. Halte genügend Abstand und lass sie in Ruhe.

Das Reh

Manchmal kursiert die irrtümliche Ansicht, dass das Reh die Frau vom Hirsch ist. Das ist falsch! Das Reh ist eine Paarhuferart, bei dem es logischerweise Männchen (Böcke) und Weibchen (Ricken) gibt – ebenso sind Rothirsch und Damhirsch zwei andere Paarhuferarten, von denen es ebenfalls Männchen und Weibchen gibt. Die Männchen erkennst du an den beiden Geweihstangen, die sie fast das ganze Jahr über auf dem Kopf tragen. Die Geweihe der Rehböcke bleiben klein. Das Geweih besteht aus Knochen und wird jedes Jahr im Oktober/November abgeworfen. Dann wachsen sofort zwei neue Geweihstangen heran, die zunächst von Haut und Fell bedeckt sind.

Im Sommer ist die Paarungszeit der Rehe. Dann besetzt jeder Rehbock ein Revier, in das keine anderen Männchen eindringen dürfen. Nach der Paarung dauert es aber noch bis zum nächsten Winter, bis bei den Ricken die Schwangerschaft beginnt:
Im Mai kommen dann ein bis zwei Kitze zur Welt. Wenn die Mutter hungrig ist, lässt sie ihre Kitze versteckt im hohen Gras oder dichten Gebüsch zurück. Damit kein Raubtier die Kitze finden kann, sind sie völlig geruchslos.

Steckbrief

Länge: 100-140 cm

Auffällige Merkmale: weißer Po, Männchen mit kleinem Geweih, Weibchen geweihlos, rotbraunes Sommerfell, graues Winterfell

Ernährt sich von: Kräutern, Blättern, Knospen, Baumfrüchten, Samen, jungen Trieben

Besonderes: Fasse kein Rehkitz an!
Kann bis zu 6 m weit springen

Auf Entdeckungstour:

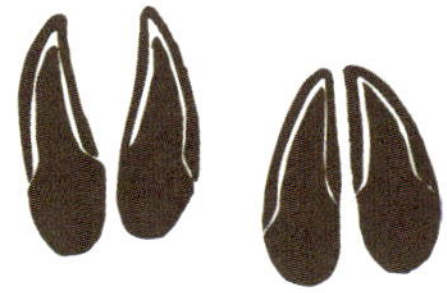

- Wenn Rehe sich erschrecken, bellen sie wie Hunde: „bö, bö, bö“! Hast du das schon einmal gehört?
- Vor allem im Winter werden Rehe schon in der Dämmerung aktiv. Dann kannst du sie morgens und abends häufig zu vielen auf Wiesen und Weiden beobachten, die in Waldnähe liegen.
- Achte auf die Trittspuren aus jeweils zwei Hufen am Boden!

Das habe ich beobachtet:

....

....

....

Dort habe ich Rehe entdeckt:

- ☐ unter Bäumen
- ☐ im Gebüsch
- ☐ am Waldrand
- ☐ auf dem Waldweg
- ☐ auf einer Lichtung
- ☐ am Straßenrand
- ☐ auf Feld oder Wiese
- ☐ nur ein Reh
- ☐ mehrere Rehe: .... (gezählt)
- ☐ Fellfarbe: ....

Aktiv!

Über den Winter schließen sich die Rehe zu kleinen Gruppen zusammen. So ziehen sie auf der Suche nach Nahrung umher – und sind leicht zu beobachten.

Am Wildgehege

Wenn du die großen Waldtiere erleben willst, musst du ein Wildgehege besuchen. Im sicheren Gehege sind Hirsche, Rehe, Wildschweine und Co. auch bei Tag unterwegs und verstecken sich dann nicht im dichten Gebüsch.

Wildschweine suchen ihre Nahrung gern im Boden. Dazu pflügen sie die oberste Erdschicht mit ihrem harten Rüssel auf und hinterlassen im Wald die typischen Spuren. Weil sie ihr Fell regelmäßig pflegen, gibt es für sie im Gehege ein Schlammbad. Vielleicht hast du Glück und sie baden gerade – danach lassen sie die Schlammkruste trocknen und schubbern sie an Baumstämmen ab. So werden sie juckende Hautschuppen und jede Menge Parasiten (Flöhe, Zecken etc.) los.

In den Wildgehegen triffst du meist Damhirsche an, denn diese kleineren Verwandten unserer Rothirsche lassen sich leichter halten. Ursprünglich stammen die Damhirsche aus Kleinasien – du erkennst sie am schaufelförmigen Geweih der Männchen.
Die heimischen Rothirsche hingegen tragen lange Geweihstangen. Achte auf die Größenunterschiede: Rothirsche sind die größten, dann folgen Damhirsche, und Rehe (siehe Seite 52) sind die kleinsten unter den Geweihträgern.

Steckbrief Wildschwein

Länge: bis zu 1,6 m

Auffällige Merkmale: kräftiger Körper, großer Kopf mit Rüssel und Hauerzähnen, borstiges dunkelbraunes Fell

Ernährt sich von: Wurzeln, Pilzen, Kräutern, Baumfrüchten, Aas, Insektenlarven, Schnecken, Würmern, Mäusen

Besonderes: Weibchen (Bachen) und ihre Jungen (Frischlinge) leben in Rotten zusammen, die Männchen (Keiler) ziehen allein durch die Wälder. Nur zur Paarungszeit im Winter suchen sie die Weibchenrotten auf.

Auf Entdeckungstour:

- Im Frühjahr kannst du im Wildgehege die Tierkinder der Waldtiere beobachten, denn in der Sicherheit des Geheges sind sie oft bei Tag unterwegs.
- Frag den Förster oder die Försterin, ob du die abgeworfenen Geweihstangen der Rehe und Hirsche sehen kannst. Wie schwer sind sie wohl?
- Wenn du im Wildgehege ein Wildschwein mit einem langen Stock streichelst, legt es sich hin.

Das habe ich beobachtet:

Diese Tiere habe ich im Wildgehege beobachtet:

- [ ] Rothirsch
- [ ] Damhirsch
- [ ] Reh
- [ ] Wildschwein
- [ ] Rotfuchs
- [ ] Dachs
- [ ] Wolf
- [ ] Luchs
- [ ] Marder

Aktiv!

Leben Rothirsche im Wildgehege? Dann besuche sie jeden Monat – so kannst du beobachten, wie der Rothirsch im Winter seine Geweihstangen abwirft und wie dann bis zum Sommer die neuen wachsen. Dokumentiere das mit Fotos.

Vögel erforschen

Im Wald sind Vögel das ganze Jahr über die auffälligsten Tiere: Weil sie singen, rufen und umherfliegen, kannst du sie leicht entdecken. Ein Fernglas lohnt sich, denn damit kannst du die Vögel viel besser bei ihrem Treiben beobachten oder wenn sie im Gebüsch und in hohen Baumkronen sitzen.

Buchfink

Ringeltaube

Habicht

Kleinere Waldvögel sind meist Singvögel wie dieser Buchfink (siehe Seite 58). Zu den größeren gehören:

- **Ringeltaube:** Die größte heimische Taube mit den weißen Flecken an jeder Halsseite. Sie brütet in den Baumkronen – wenn sie auffliegt, hörst du ein lautes Flügelklatschen.
- **Greifvögel:** Habicht und Sperber jagen im Wald Vögel, denen sie versteckt im Gebüsch auflauern. Dann überwältigen sie ihre Beute in einem plötzlichen Überraschungsangriff. Findest du viele Federn auf dem Waldboden, so schaue dir einzelne, nicht blutige (!) Federn an. Sind die Federkiele unversehrt, so haben hier Habicht oder Sperber zugeschlagen. Sind die Federn hingegen abgebissen und kaputt, so hat ein Fuchs, Marder oder eine Hauskatze hier Beute gemacht.
- **Eulen:** Der Waldkauz ist die häufigste Eule im Wald. Tagsüber ruht er gern auf sonnigen Ästen – nimmst du laut schimpfende Singvögel wahr, könnte dort ein Waldkauz sitzen. Waldohreulen sind kleiner. Auch sie gehen wie der Waldkauz erst in der Dunkelheit auf Jagd.

Auf Entdeckungstour:

Im Sommer wechseln die Vögel ihr Gefieder. Dann findest du viele ausgefallene Federn am Waldboden. Finde heraus, von wem sie stammen. Wenn du die Federn sammeln möchtest, reinige sie mit warmem Wasser und Spülmittel.

Aktiv!

Achte ab Mai auf die typischen Rufe des Kuckucks!

Singvögel

Die kleinsten Vögel im Wald sind die Singvögel – wie viele verschiedene es sind, hörst du im Frühling bis in den Sommer hinein. Dann markieren sie mit ihrem Gesang das Revier um ihr Nest herum. Denn nur, wenn es genügend Platz zwischen den Nestern einer Vogelart gibt, finden die Eltern genügend Nahrung für die Küken.

Schon an den ersten sonnigen Wintertagen erklingen die ersten „zizibä"-Rufe der Kohlmeisen. Ab Februar singen dann alle Singvögel, die den Winter bei uns verbracht haben – das sind verschiedene Meisen (Kohl-, Blau-, Tannen-, Hauben-, Schwanzmeise), Finken (Buchfink, Grünfink und andere), Drosseln (Amsel, Singdrossel), Kleiber, Zaunkönig und Rotkehlchen. Wenn dann im März und April die Zugvögel wie Grasmücke, Nachtigall, Zilpzalp und andere aus ihren Wintergebieten zu uns zurückkehren, beginnt an jedem Morgen ein vielstimmiges Vogelkonzert.

Wenn die Brutzeit zu Ende ist, hören die Singvögel auf zu singen. Dann hörst du aber immer noch verschiedene Rufe, etwa wenn sie sich vor Gefahren warnen.

Wie singen die Singvögel?

Die Singvögel besitzen ein besonderes Stimmorgan, die Syrinx. Sie sitzt dort, wo sich die Luftröhre in zwei Hauptbronchien teilt, die in die beiden Lungenflügel führen. Beim Singen reckt der Singvogel seinen Hals. Dann holt er tief Luft und atmet aus. Dabei werden die angespannten Membrane der Syrinx in Schwingungen versetzt – und die Töne erzeugt.

Aktiv!

Möchtest du die Vögel an ihren Gesängen erkennen, beginne mit dem Lernen der Vogelstimmen gleich im Februar. Wenn dann im März und April auch noch die Zugvögel singen, kennst du schon einige Stimmen.

Auf Entdeckungstour:

Diese Singvögel habe ich entdeckt:

- [ ] Kohlmeise 
- [ ] Blaumeise 
- [ ] Schwanzmeise 
- [ ] Buchfink 
- [ ] Grünfink, Grünling 
- [ ] Gimpel, Dompfaff 
- [ ] Amsel 
- [ ] Singdrossel 
- [ ] Rotkehlchen 
- [ ] Zaunkönig 
- [ ] Mönchsgrasmücke 
- [ ] Nachtigall 
- [ ] Zilpzalp 

Das habe ich beobachtet:

....

....

....

....

Der Eichelhäher

In Laub- und Mischwäldern, aber auch in Baumgruppen auf Wiesen und Feldern sowie in baumreichen Parks und auf Friedhöfen lebt der Eichelhäher. Er fällt sofort auf – durch seine typischen Rufe, die aus dem Geäst von Sträuchern und Bäumen ertönen, sobald jemand vorbeiläuft. Hörst du sie, so halte nach dem Eichelhäher Ausschau. Meist fliegt er dann nämlich auf und verschwindet im nächsten Gebüsch. Das Nest aus Zweigen, das mit Lehm verstärkt wird, liegt in den dichten Baumkronen. Es ist schwer zu entdecken.

Der Eichelhäher ist im Wald gern gesehen, denn er pflanzt Bäume. Jedes Jahr im Herbst sammelt der Eichelhäher rund 10.000 Eicheln und andere Baumfrüchte, die er im Waldboden als Wintervorrat versteckt. Um die Eicheln zu transportieren, verschluckt er sie in seinen Kehlsack. Darin haben 10 und mehr Eicheln Platz.
Er fliegt mit seinem Sammelgut davon und würgt sie dort wieder heraus, wo er die Baumfrüchte im Boden verscharren will. Wenn er im Winter hungrig ist, nascht er von seinen Vorräten. Weil er bis zum Frühjahr nicht alle versteckten Früchte findet, wachsen daraus neue Bäume.

Steckbrief

Länge: 35 cm

Auffällige Merkmale: rötlich braunes Gefieder, blau-schwarz-weiß gemusterte Federn an den Flügeln

Ernährt sich von: Baumfrüchten, Beeren, Insekten, Regenwürmern, Mäusen, Vogeleiern, jungen Vögeln

Besonderes: schlägt mit seinen lauten „rätsch-rätsch"-Rufen Alarm, hilft den Wald zu erhalten

Auf Entdeckungstour:

- Achte auf den deutlich sichtbaren weißen Fleck am hinteren Rücken vor dem Schwanz (= Bürzel): Daran kannst du ganz leicht den Eichelhäher von anderen Vögeln unterscheiden, wenn er wegfliegt.
- Beobachte einen Eichelhäher im Herbst: Sucht er Eicheln und andere Baumfrüchte? Wie transportiert er sie? Wo versteckt er sie?

Das habe ich beobachtet:

....

....

....

Dort habe ich einen Eichelhäher entdeckt:

- ☐ in der Krone eines Laubbaumes, welcher ....
- ☐ in einem Nadelbaum, welcher ....
- ☐ im Gebüsch
- ☐ am Waldrand
- ☐ auf dem Waldweg
- ☐ auf einer Lichtung
- ☐ rund um Baumstümpfe
- ☐ nur ein Eichelhäher
- ☐ mehrere Eichelhäher, wie viele ....

Aktiv!

Über den Winter schließen sich die Eichelhäher gern zu mehreren zusammen. Dann verlassen sie auch den Wald und besuchen die Obstbäume auf den Streuobstwiesen und in Gärten.

Der Buntspecht

Der Buntspecht ist der häufigste unter den heimischen Spechten – du kannst ihn in jedem Wald entdecken. Männchen und Weibchen unterscheiden sich nur durch die Farbe am Hinterkopf – bei den Männchen ist der Hinterkopf rot, bei den Weibchen schwarz.

Buntspechte halten sich fast immer an den Stämmen und dicken Ästen auf, denn dort finden sie Nahrung, Verstecke und Brutmöglichkeiten. Im Frühjahr hämmern sie eine tiefe Höhle in den Stamm, die nach zwei bis vier Wochen fertig ist. Das Weibchen legt vier bis sechs Eier hinein, die knapp zwei Wochen lang von beiden Eltern bebrütet werden. Wenn die Küken geschlüpft sind, werden sie drei Wochen lang gefüttert – dann fliegen die Eltern ständig mit Raupen und anderen Insektenlarven im Schnabel zum Nest. Das musst du unbedingt im Mai/Juni beobachten. Nicht verpassen! Danach zieht die Spechtfamilie noch ein paar Wochen gemeinsam umher, bis die Jungen selbstständig sind und alle Familienmitglieder getrennte Wege gehen.

Schau dir auch mit dem Fernglas an, wenn ein Buntspecht Nahrung am Stamm sucht: Er stützt sich mit dem Schwanz aus festen Federn am Stamm ab, so als ob er ein weiteres Bein hätte.

Steckbrief

Länge: 25 cm

Auffällige Merkmale: schwarz-weiß-rotes Gefieder, kräftiger Schnabel, Stützschwanz

Ernährt sich von: unter der Rinde lebenden Insekten und deren Larven, Vogeleiern, jungen Vögeln, im Winter auch Samen in Fichten- und Kiefernzapfen

Besonderes: Spechte bauen jedes Jahr eine neue Höhle in den Stamm; die verlassenen sind wertvoller Wohnraum für viele Tiere (siehe Seite 64/65).

Auf Entdeckungstour:

- Buntspechte verraten ihre Anwesenheit durch diese Geräusche:
- Klopfen: Bei der Nahrungssuche klopft der Buntspecht die Rinde mit seinem Schnabel ab. Das kannst du gut hören, wenn du ganz leise bist.
- Trommeln: Im Winter und Frühling trommelt der Buntspecht an Stamm und große Äste in seinem Revier, um andere Buntspechtmännchen fernzuhalten. Ende März lockt er mit seinem Trommeln auch ein Weibchen an.
- „kick-kick-kick"-Rufe: So rufen aufgeregte Buntspechte, findest du sie?
- Achte im Mai/Juni auf hohe Töne, die ununterbrochen aus einem Baumstamm ertönen – hier sitzen junge Spechtküken in einer Baumhöhle.

Das habe ich beobachtet:

....

....

....

Dort habe ich einen Buntspecht entdeckt:

- ☐ am Baumstamm
- ☐ in der Baumkrone
- ☐ am Waldrand
- ☐ auf dem Waldweg
- ☐ auf einer Lichtung
- ☐ rund um Baumstümpfe
- ☐ nur einen Buntspecht entdeckt
- ☐ mehrere Buntspechte: .... (gezählt)

Aktiv!

Nicht nur Buntspechte kannst du am Baumstamm entdecken: Auch der größte Specht, der krähengroße Schwarzspecht, sucht seine Nahrung unter der Rinde. Viel kleiner als der Buntspecht sind die hübschen Kleiber mit der schwarzen Augenbinde, die sogar wie Eichhörnchen den Baumstamm kopfunter herablaufen können, sowie die braunen Baumläufer, die wie eine Maus den Stamm hinaufhuschen.

Auf Nestsuche

Viele Vögel, aber auch Eichhörnchen, Haselmäuse und andere Tiere bauen Nester im Geäst der Bäume und Sträucher. Diese Tierbauten kannst du besonders gut im Winter bis in den April hinein entdecken, wenn die Gehölze noch keine Blätter tragen.

Ganz oben in den Baumkronen liegen die großen Horste von Mäusebussard, Graureiher und Krähe. Diese Vögel nutzen ihre Nester jedes Jahr; im Frühjahr reparieren sie den Horst und vergrößern ihn ein wenig. Darum können diese Horste recht groß und hoch werden. Dort oben findest du auch die Kobel der Eichhörnchen.

Spechte wie der Buntspecht hämmern jedes Jahr eine neue Höhle in den Stamm eines Baumes. Sie benutzen eine Höhle nur ein einziges Mal. Danach werden die verlassenen Spechthöhlen von verschiedenen Tieren besiedelt: Meisen, Kleiber, Fledermäuse, Siebenschläfer, Hornissen und viele andere Tiere nutzen die geschützten Höhlen, um dort ihre Jungen großzuziehen, den Winter zu verbringen oder einen Insektenstaat zu gründen. Damit alle Tiere, die verlassene Spechthöhlen brauchen, auch genügend Wohnraum finden, werden im Wald auch Nistkästen aufgehängt.

Amseln, viele Finken, Grasmücken und andere Singvögel bauen für jede Brut ein napfförmiges Nest aus kleinen Ästchen, Halmen und Laub ins Gebüsch oder die Kronen der Bäume. Das kugelrunde Nest des Zaunkönigs befindet sich dicht über dem Boden zwischen Pflanzenbewuchs, während das kugelrunde Nest der Haselmaus im Gebüsch liegt – oft unweit ihrer Lieblingskost, den Haselsträuchern.

Auf Entdeckungstour:

Diese Nester habe ich entdeckt:

- ☐ Horst eines Mäusebussards (1)
- ☐ Kobel eines Eichhörnchens (2)
- ☐ Elsternest (3)
- ☐ Nest des Buntspechts (4)
- ☐ Amselnest (5)
- ☐ Zaunkönignest (6)
- ☐ anderes Nest: ....

Das habe ich beobachtet:

....

....

....

Dort habe ich Nester entdeckt:

- ☐ in der Baumkrone
- ☐ im Gebüsch
- ☐ am Baumstamm
- ☐ am Waldrand
- ☐ auf einer Lichtung

Aktiv!

Singvögel bauen sich jedes Jahr ein neues Nest. Darum kannst du ein verlassenes Vogelnest mitnehmen. Gib es für ein paar Tage in eine Gefriertruhe und sprühe es dann mit Haarspray oder mattglänzendem Klarlack aus der Sprühdose ein. Beachte dabei alle Angaben und Hinweise auf der Packung!

Kriechtiere und Lurche
erforschen

Im gemäßigten Klima Mitteleuropas ist die Artenzahl der eher wärmeliebenden Kriechtiere (Reptilien) und Lurche (Amphibien) recht gering. Einige triffst du auch im Wald.

Zauneidechse

Kreuzotter

Grasfrosch

Kriechtiere am Waldrand und auf Lichtungen:

- **Eidechsen:** Die bis zu 30 cm lange Zauneidechse bewohnt sonnig-trockene Waldränder. Die nur bis zu 14 cm lange, sehr scheue Waldeidechse mag es kühler.
- **Blindschleiche** (siehe Seite 68)
- **Schlangen:** Die giftige Kreuzotter erkennst du am dunklen Zickzackband auf dem Rücken. Wenn du je eine überraschen solltest, entferne dich zügig. Sie beißt, wenn sie sich angegriffen fühlt. Der Biss tut weh, ist aber nicht tödlich giftig. Oft wird die völlig harmlose Schlingnatter mit der Kreuzotter verwechselt. Sie hat auf dem Rücken kein Zickzackband, sondern zwei Reihen dunkle Flecken, die wie undeutliche Längsstreifen aussehen.

Lurche:

- **Salamander:** Der schwarz-gelbe Feuersalamander versteckt sich tagsüber an feuchten Plätzen. Er ist nur bei Nacht und an Regentagen unterwegs. Fass ihn nicht an, denn seine Haut ist giftig.
- **Molche** (siehe Seite 72)
- **Frösche und Kröten:** Neben Grasfrosch, Springfrosch und Erdkröte (siehe Seite 70) leben im Wald noch die kleinen Gelbbauch- und Rotbauchunken. Sie erscheinen im Mai/Juni zur Eiablage an flachen Tümpeln und Wasserpfützen, etwa in den wassergefüllten Spurrinnen von Fahrzeugen am Wegrand. Wenn sie da sind, hörst du im Mai/Juni ihre dumpfen „uh-uh-uh"-Rufe.

Auf Entdeckungstour:

Im Gebüsch um pflanzenreiche Weiher und im Auwald lebt der nur 5 cm große Laubfrosch, der sehr gut klettern kann. Bis weit in die Nacht hinein hörst du seine raschen „äp-äp-äp"-Rufe.

Die Blindschleiche

Die Blindschleiche ist bei uns das häufigste Kriechtier – sie lebt vor allem an sonnigen, geschützten Plätzen mit feuchtem Untergrund. Schon viele Menschen haben sich bei ihrem Anblick erschreckt, denn die Blindschleiche sieht aus wie eine Schlange. Das ist sie aber nicht: Die Blindschleiche ist eine Echse – da sie auf und im Waldboden auf Jagd geht, hat sie im Lauf ihrer Entwicklung die eidechsenähnlichen Beine verloren. Beobachte eine Blindschleiche: Sie bewegt sich viel steifer und langsamer vorwärts als eine Schlange, denn ihr fehlen die großen durchgehenden Bauchschuppen. Vor allem auf sandigem Untergrund kommt die Blindschleiche recht unbeholfen voran. Erst wenn ihr Körper nach dem Sonnen richtig warm ist, kann sie auf hartem Untergrund blitzartig in ein Versteck fliehen.

Wie eine Eidechse wirft auch die Blindschleiche ihren Schwanz ganz oder teilweise ab, wenn sie sich bedroht fühlt. Dann zuckt der abgeworfene Schwanz noch eine Weile und lenkt den Angreifer ab, damit die Blindschleiche entkommen kann. Allerdings wächst der Schwanz nicht mehr komplett nach, sondern verheilt zum Stummel.

Blindschleichen sind auch nicht blind, sondern können sehr gut sehen. Der Name Blindschleiche leitet sich vom althochdeutschen Wort „Plintslicho" ab und bedeutet „blendende Schleiche" – mit blendend ist die glänzende Haut gemeint.

Steckbrief

Länge: bis zu 45 cm

Auffällige Merkmale: blei-glänzender schlangenähnlicher Körper mit typischem Eidechsenkopf

Ernährt sich von: Nacktschnecken, Regenwürmern, Spinnen, Asseln und anderen langsamen Kleintieren

Besonderes: Weibchen legen keine Eier, sondern setzen im August/September lebende Jungtiere ab, können über 40 Jahre alt werden.

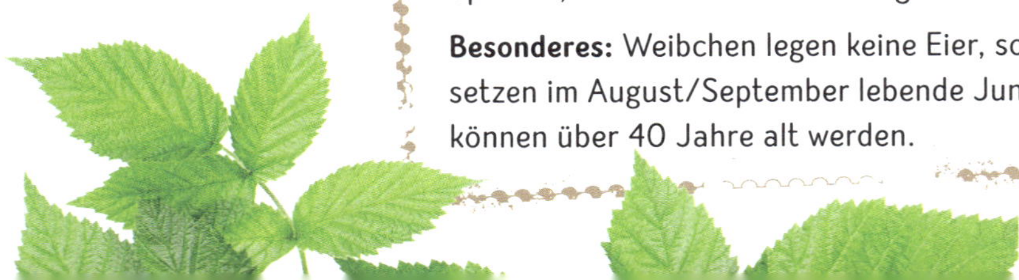

Auf Entdeckungstour:

- Die Blindschleiche sonnt sich gern auf warmen Wegen. Wenn du im Sommer ein besonders dickes Tier beim Sonnen entdeckst, so handelt es sich um ein trächtiges Weibchen.
- Schau dir den Kopf einer Blindschleiche an: Ihre Augen haben bewegliche Lider und können wie Eidechsenaugen verschlossen werden.
- Wenn du eine Blindschleiche mit einem stumpfen Schwanz entdeckst, so hat sie ihn in einer bedrohlichen Situation abgeworfen.

Das habe ich beobachtet:

....

....

....

Dort habe ich eine Blindschleiche entdeckt:

- ☐ auf dem Waldweg
- ☐ am Wegrand
- ☐ am Waldrand
- ☐ auf einer Lichtung
- ☐ unter Bäumen
- ☐ im Gebüsch
- ☐ rund um Baumstümpfe

Aktiv!

Fange keine Blindschleiche ein! Sie würde dabei den Schwanz abwerfen und wäre zeitlebens verstümmelt. Erfreue dich an ihrem Anblick und beobachte, wie sie sich verhält.

Am Waldweiher

Kleine Weiher und Seen im Wald sind magische Anziehungspunkte für viele Tiere, die du dort beobachten kannst. Erster Höhepunkt im Jahr ist März und April, wenn nachts die Erdkröten, Grasfrösche und Springfrösche zum Weiher unterwegs sind. Jeden Tag werden es mehr Frösche und Kröten. Hörst du die zarten „üh üh üh"-Rufe der Krötenmännchen, die aus dem Wasser rufen? Die Männchen stürzen sich sofort auf jedes Weibchen, das am Wasser auftaucht. Vor allem bei den Erdkröten passen die Männchen die größeren Weibchen schon bei der Wanderung ab, schwingen sich auf deren Rücken und „reiten" so zum Wasser. Doch diese Lurche bleiben nur kurze Zeit am Weiher. Nach der Paarung und Eiablage verschwinden sie und verbringen den Rest des Jahres jagend im Wald.

Bald darauf beleben die Grünfrösche (Teichfrosch, Wasserfrosch) den Weiher. Nähere dich im Sommer dem Ufer ganz vorsichtig und halte Ausschau: Mit Glück entdeckst du einen Grünfrosch, bevor er ins Wasser springt und für eine Weile untergetaucht bleibt.

Neben den Fröschen und Kröten sind auch die verschiedenen Insekten spannende Beobachtungsobjekte am Wasser: Libellen jagen in der Luft, Gelbrandkäfer und ihre Larven im Wasser und Wasserläufer an der Wasseroberfläche – letztere lauern Insekten auf, die auf die Wasseroberfläche fallen und erbeuten sie. Entdeckst du einen schwarzen langen Egel, dann ist das ein harmloser Pferdeegel – auch er erbeutet kleine Wassertiere.

Steckbrief Erdkröte

Länge: 9-15 cm

Auffällige Merkmale: warzig-höckerige Haut, große Drüsen hinter den Ohren, Augen mit waagerechter Pupille

Ernährt sich von: Regenwürmern, Schnecken, Spinnen, Fliegen, Käfern, Asseln und Insektenlarven

Besonderes: bläht sich bei Bedrohung auf und sondert milchiges Gift aus den Hautdrüsen ab, 3-5 m lange Eischnüre mit bis zu 5.000 Eiern

Auf Entdeckungstour:

- Wirf auch einen Blick auf die Pflanzen: Im seichten Uferwasser stehen Rohrkolben und Schilf, am Ufer breiten sich Bachminze und Vergissmeinnicht aus. Im Wasser entdeckst du die grünen Blätter der Krebsschere und anderer Wasserpflanzen.
- In Waldweihern kannst du auch eine Fleischfressende Pflanze finden, den Wasserschlauch mit seinen Fangblasen an den Unterwasserblättern. Du erkennst diese Pflanzen an den gelben Blüten, die an braunen blattlosen Stielen aus dem Wasser ragen.
- Welche Vögel brüten am Weiher? Achte auf Stockente, Blässhuhn, Teichhuhn und Zwergtaucher!
- Zähle die Grünfrösche.
- Besuche morgens nach mehreren Regentagen den Weiher und beobachte, wie eine Libellenlarve an einem Stängel das Wasser verlässt und sich zur Libelle häutet.
- Wen entdeckst du auf der Wasseroberfläche – Wasserläufer, Taumelkäfer, wen noch?

Das habe ich beobachtet:

....

....

....

Das habe ich am Waldweiher entdeckt:

- [ ] Erdkröte
- [ ] Grasfrosch
- [ ] Springfrosch
- [ ] Kaulquappen
- [ ] Libelle, welche
- [ ] Libellenlarve
- [ ] Gelbrandkäfer
- [ ] Taumelkäfer
- [ ] Wasserläufer
- [ ] Pferdeegel

....

Aktiv!

Beobachte, wie sich Frösche und Kröten entwickeln. Im Frühjahr treibt der Laich in langen Schnüren (bei Kröten) oder großen Klumpen (bei Fröschen) im Wasser. Bald schlüpfen die Kaulquappen aus den Eiern. Sie ernähren sich von kleinen Algen, die auf den Wasserpflanzen wachsen. Sie werden immer größer, entwickeln zuerst die beiden Hinterbeine, dann die Vorderbeine, verlieren den Schwanz und verlassen als Minifröschlein und Minikrötlein im Juni das Wasser.

Molche

Molche sind wie Salamander eine Gruppe von Lurchen, die wegen ihres langen Schwanzes Schwanzlurche heißen. Die häufigsten Molche bei uns sind Teichmolch und Bergmolch, die in Waldweihern vorkommen.

Von Mai bis August leben die Molche im Wasser, die andere Zeit des Jahres verbringen sie an Land. In dieser Zeit an Land verstecken sie sich tagsüber an feuchten Plätzen. Erst bei Dunkelheit und bei Regenwetter ziehen sie dann langsam auf der Suche nach Nahrung umher. Während du Molche an Land nur mit viel Glück zu sehen bekommst, kannst du sie leicht im Weiher oder in flachen Wasserpfützen am Wegrand beobachten. Sie ruhen am Grund zwischen Wasserpflanzen und Laub versteckt oder schwimmen frei umher. Die Männchen sehen wie kleine bunte Drachen aus – finde die Namen der beobachteten Arten (Teichmolch – Bergmolch) heraus.

Molche paaren sich im Wasser. Danach legt das Weibchen die bis zu 250 Eier einzeln an den Blättern der Wasserpflanzen ab und wickelt sie ein. Die daraus schlüpfenden Larven (Kaulquappen) werden langsam größer und entwickeln sich bis zum Sommer in Jungmolche, die die nächsten zwei bis drei Jahre im Wasser bleiben. Dann verlassen sie zum ersten Mal das Wasser und verbringen den Winter an Land.

Steckbrief

Länge: 6-11 cm

Auffällige Merkmale: länglicher Körper, Männchen im Wasser bunt gefärbt (Hochzeitstracht), an Land unauffällig bräunlich

Ernährt sich von: Wasserflöhen, Insektenlarven, Kleinkrebsen, Kaulquappen (im Wasser), Regenwürmern, Insekten, Schnecken, Asseln, Spinnen und anderen Kleintieren (an Land)

Auf Entdeckungstour:

- Achte auf aufsteigende Luftblasen; sie könnten von einem Molch stammen.
- Beobachte einen Molch bei der Jagd.
- Beobachte die Kaulquappen: Die Büschel, die seitlich am Kopf stehen, sind die Kiemen. Beobachte auch, wie sich aus den Kaulquappen Molche entwickeln. Zuerst wachsen ihnen – anders als den Fröschen und Kröten – die Vorderbeine, dann die Hinterbeine. Die Kiemen verschwinden und aus der Larve (Kaulquappe) ist ein Jungmolch geworden.

Das habe ich beobachtet:

....

....

....

Dort habe ich Molche entdeckt:

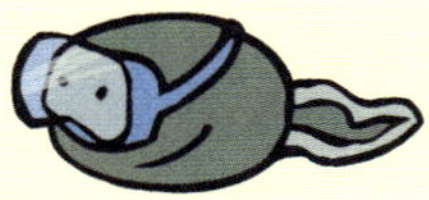

- ☐ im Waldweiher
- ☐ in einer Wasserpfütze
- ☐ in einer wassergefüllten Fahrspur
- ☐ nur ein Molch, welche Art ....
- ☐ mehrere Molche: .... (gezählt)

Teichmolch

Bergmolch

Aktiv!

So kannst du Teichmolch und Bergmolch unterscheiden

Teichmolch: gestreifter Kopf, Männchen oben bräunlich, unten orange-schwarz gefleckt, gewellter Rückensaum

Bergmolch: gefleckter Kopf, Männchen oben blau, unten orange, glatter Rückensaum

Kleine Waldtiere erforschen

Die meisten Tiere im Wald sind klein: Insekten gehören dazu, Spinnen, Tausendfüßer, Asseln, Würmer und Schnecken. Du findest sie am Waldboden zwischen Pflanzen und braunem Falllaub, in den abgestorbenen Ästen und Baumstümpfen, unter der Rinde, auf Kräutern, Büschen und Bäumen.

Kleinen Waldtieren auf der Spur

Beobachte …

… Asseln:
Diese kleinen Verwandten der Krebse fressen sich durch modernde Blätter; Rollasseln können sich bei Gefahr zu einer runden Kugel einrollen, deren harte Panzerplatten die weiche Bauchseite schützen.

… Käfer:
Am Boden entdeckst du große Laufkäfer, die Würmer, Schnecken und andere Insekten erbeuten, sowie Mistkäfer und andere Kot- und Aasfresser (siehe Seite 82). Hirschkäfer leben vor allem in Eichenwäldern; sie sind die größten heimischen Käfer. Auf Blättern sitzen kleine Blattkäfer und die größeren Mai- und Junikäfer, auf Blüten längliche Weichkäfer und an der Rinde verschiedene Bockkäfer.

… Pseudoskorpione:
Die nur 2-4 mm langen Bodentiere sehen wie kleine Skorpione aus, sind für uns aber ungefährlich. Sie erbeuten Springschwänze und Staubläuse; werden selbst von Steinläufern erbeutet.

… Regenwürmer:
Sie fressen sich durchs Erdreich, ziehen nachts auch braunes Falllaub in ihre Gänge und fressen es auf.

… Springschwänze:
Das sind sehr kleine Ur-Insekten, die lebhaft umherspringen. Sie sind die ersten, die an den heruntergefallenen Laubblättern knabbern und so Öffnungen und Löcher schaffen, an denen Asseln und andere Bodentiere weiter fressen können.

… Tausendfüßer:
Sie fressen sich mithilfe des kräftigen Kopfes und der Schubkraft der vielen Beine durch morsches Holz und den Erdboden; dabei lockern sie den Boden.

… Waldgrillen:
Die Männchen schnurren leise, sie fressen Falllaub und auch Insekten.

… Weberknechte:
Sie können dank ihrer langen Beine gut über unebene Blattdecken und Kräuter laufen, klettern auf der Suche nach Beutetieren (lebende und tote kleine Insekten) auch glatte Stämme hoch.

Aha!

Zähle die Beine des Weberknechts: Er hat acht Beine wie alle Spinnentiere. Wenn du einen Weberknecht mit weniger Beinen entdeckst, so wurde er von einem Vogel oder anderem Räuber bedroht; bei Gefahr werfen Weberknechte nämlich absichtlich einige Beine ab. Diese zucken noch eine Weile und lenken den Räuber ab, damit der Weberknecht fliehen kann. Dazu gibt es an jedem Bein eine Stelle, die leicht bricht.

Aktiv!

Ganz bequem und auf Augenhöhe kannst du die kleinen Waldtiere beobachten, wenn du dich auf den Boden setzt. Ist es feucht oder kühl, so lege eine Unterlage (z.B. eine Plastiktüte) unter. Du kannst auch eine Decke ausbreiten und dich bäuchlings auf den Boden legen. So bist du noch näher an spannenden Beobachtungsobjekten. Und wenn du die Welt aus der Sicht der kleinen Tiere sehen willst, dreh dich um und schau in die Baumkronen über dir.

Die Wolfspinne

Jagt ohne Netz am Boden!

Am sonnigen Waldboden fallen dir mittelgroße braune Spinnen auf, die recht flink unterwegs sind. Wenn du ganz leise bist, hörst du es dann auch rascheln. Das sind Wolfspinnen. Diese Bodenspinnen bauen zum Beutefangen keine Netze, sondern jagen frei am Boden nach kleinen Tieren. Wolfspinnen können sehr gut sehen. Haben sie einen Käfer oder ein anderes Beutetier erspäht, schleichen sie sich heran. Dann packen sie die Beute blitzschnell mit einem gezielten Sprung. Diese kräftigen Spinnen können sogar Kleintiere überwältigen, die genauso groß sind wie sie selbst.

Ab Ende Mai klebt am Hinterleib einiger Wolfspinnen eine helle Kugel. Das sind Weibchen, die ihren Eikokon tragen. In dem aus Spinnseide gesponnenen Kokon befinden sich unzählige Eier. Wenn nach ein paar Wochen die winzigen Jungspinnen aus den Eiern schlüpfen, beißt die Mutter den Kokon auf. Dann klettern die Jungspinnen auf den Rücken der Mutter. Dort verbringen sie die erste Woche ihres Lebens. Sie häuten sich, verlassen dann ihre Mutter und gehen allein auf Jagd nach Milben und anderen winzigen Bodentierchen.

Steckbrief

Länge: bis zu 8 mm plus Beine

Auffällige Merkmale: dunkelbrauner Körper mit 8 kräftigen Beinen

Ernährt sich von: kleinen Insekten

Besonderes: Die Männchen erkennst du an den auffällig großen Tastern am Kopf, mit denen sie bei der Paarung dem Weibchen ihren Samen übergeben. Man nennt diese Taster Pedipalpen.

Auf Entdeckungstour:

- Die allermeisten Spinnen haben acht Augen. Schau dir die Augen einer Wolfspinne mit der Lupe an.
- Schau dir an, wie die Beine gefärbt sind: Die der Weibchen haben hell- und dunkelbraune Flecken.
- Setze dich auf einen Baumstumpf und beobachte das Treiben der Wolfspinnen. Beobachte, wie sie jagen. Was passiert, wenn sich zwei Wolfspinnen begegnen?

Das habe ich beobachtet:

....

....

Dort habe ich Wolfspinnen entdeckt:

- ☐ unter Laubbäumen
- ☐ am Waldrand
- ☐ auf dem Waldweg
- ☐ auf einer Lichtung
- ☐ rund um Baumstümpfe
- ☐ im Totholz
- ☐ nur eine Spinne
- ☐ zwei und mehr Spinnen: .... (gezählt)

Aktiv!

Im Wald leben noch viele andere Spinnenarten. Entdecke sie:

- Wie Trampoline waagerecht hängende Netze stammen von **Baldachinspinnen**; sie sitzen unter dem Netz und lauern kleinen Insekten auf.
- **Kreuzspinnen** bauen große runde Radnetze im Geäst. Beobachte, wie die Spinne kopfunter im Netz sitzt. Schau dir das Netz genauer an: Im Zentrum ist es ganz dicht gewoben, dann gibt es einen Kreis großer Löcher – durch die kann die Spinne rasch von der einen Netzseite auf die andere gelangen.
- **Bodentrichterspinnen** fangen kleine Bodentiere mit trichterförmigen Netzen, deren Öffnung etwa 5 cm misst und die in einer Röhre enden. Die Weibchen verbringen ihr ganzes Leben in der Röhre, die Männchen ziehen auf der Suche nach Weibchen umher.

Bodentiere im Wald

Wer frisst das Laub am Waldboden?

Der Boden unter Laubbäumen ist der Lebensraum von unzähligen Schnecken, Würmern, Asseln und Insekten. Sie fressen das Laub der Bäume auf, das jedes Jahr im Herbst herabfällt, und verwandeln es in fruchtbaren Boden. Die kleinen Bodentiere hinterlassen kleine Kotkrümel, die von Millionen Bakterien und Pilzen zu wertvollem Humus weiterverarbeitet werden. Wo es viele (kleine) Pflanzenfresser gibt, halten sich natürlich auch ihre Feinde auf – Spinnen und Hundertfüßer, die Jagd auf die kleinen Laubfresser machen.

Aktiv!

Untersuche ab dem Laubfall im Herbst einmal im Monat das Laub am Waldboden, am besten stets an derselben Stelle. Nimm einzelne Blätter zur Hand: Du siehst, wie die Bodenlebewesen nach und nach ein welkes Blatt anfressen und zernagen, bis schließlich nur noch das Gerippe übrig bleibt.

Auf Entdeckungstour:

- Gib zwei Handvoll Falllaub auf ein helles Tuch. Beobachte, welche Tiere sich darin aufhalten. Zähle, wie viele es sind. Zähle auch, wie viele unterschiedliche Arten du entdecken kannst.
- Gib zwei Handvoll Nadelstreu – das sind die abgefallenen Nadeln der Nadelbäume, die den Boden im Nadelwald bedecken – auf ein helles Tuch. Wundere dich nicht, wenn du keine Kleintiere entdecken kannst. Rieche an der Nadelstreu. Der modrige Duft nach Pilzen stammt von feinem Pilzgeflecht, das die Nadeln umgibt.

Das habe ich beobachtet:

....

....

Diese Tiere habe ich entdeckt:

- ☐ Regenwurm
- ☐ Gehäuseschnecke
- ☐ Nacktschnecke
- ☐ Waldassel
- ☐ Rollassel
- ☐ Tausendfüßer
- ☐ Erdläufer
- ☐ Steinläufer
- ☐ Spinne
- ☐ Weberknecht
- ☐ Springschwanz
- ☐ Waldgrille
- ☐ Waldschabe
- ☐ Ameise
- ☐ Ohrwurm

Aktiv!

Dieselben Tiere, die du in der braunen Laubschicht am Boden findest, leben auch im morschen Holz von Baumstümpfen und im Totholz. Wenn du vorsichtig kleine Stücke des morschen Holzes abbrichst, kannst du Asseln, Tausendfüßer und viele andere Kleintiere entdecken. Sie zersetzen das Holz abgestorbener Bäume und Sträucher und führen die darin enthaltenen Nährstoffe wieder dem Erdboden zu. Dann nehmen die Pflanzen im Wald diese Nährstoffe wieder über ihre Wurzeln auf.

Achtung!
Steinläufer haben kräftige Kieferklauen, mit denen sie dich schmerzhaft beißen können.

Schnecken

Schnecken haben keine Beine, sondern kriechen stets auf ihrer feucht-schleimigen Muskelfußsohle umher – darum mögen Schnecken keine sonnig-trockenen Plätze im Wald. Sie leben dort, wo es feucht und schattig ist. Zudem sind sie meist nachts oder bei Regenwetter unterwegs.

Es gibt zwei verschiedene Typen von Landschnecken: Gehäuseschnecken besitzen ein Kalkgehäuse, in das sie ihren weichen Körper zurückziehen können. Nacktschnecken haben im Lauf der Entwicklung ihr Gehäuse verloren und können sich dadurch viel besser durch den Boden, Falllaub oder morsches Holz bewegen.

Im Wald kannst du auch die größten heimischen Schnecken beobachten – die Weinbergschnecken. Am häufigsten kommen verschiedene Nacktschnecken und die Bänderschnecken vor.

Steckbrief Wegschnecke

Länge: bis zu 20 cm

Auffällige Merkmale: Nacktschnecke

Ernährt sich von: Blättern, jungen Trieben, Früchten, Kot und toten Tieren

Auf Entdeckungstour:

- Frühling: Paarung der Weinbergschnecken – dazu legen zwei Schnecken ihre Fußsohlen aneinander; dann legen beide Schnecken ihre Eier in den Boden. Schnecken sind Zwitter, also gleichzeitig Männchen und Weibchen.
- Nacktschnecken: Entdecke den ovalen Bereich mit der gekörnten Hautstruktur auf dem Rücken! Dort sitzt bei Gehäuseschnecken das Schneckenhaus.
- Berühre eine Schnecke sanft mit deinem Finger. Was passiert?
- Wie atmen Schnecken? Beobachte an der Seite bzw. an der Öffnung des Schneckenhauses das Loch, das sich regelmäßig öffnet und schließt. Das ist das Atemloch.
- Schau dir die beiden Fühler am Kopf an. Am Ende der längeren Fühler entdeckst du jeweils einen kleinen schwarzen Punkt: Das sind die Augen. Mit ihnen können Schnecken wahrnehmen, ob es hell oder dunkel ist und woher das Licht scheint. Sie können aber keine Formen oder Bilder sehen.
- Kannst du die Mundöffnung entdecken?

Das habe ich beobachtet:

....

....

Dort habe ich Schnecken entdeckt:

- ☐ unter Bäumen
- ☐ im Gebüsch
- ☐ am Waldrand
- ☐ auf dem Waldweg
- ☐ auf einer Lichtung
- ☐ rund um Baumstümpfe
- ☐ im Totholz
- ☐ auf Stängel/Rinde
- ☐ auf einem Blatt
- ☐ auf einer Blüte
- ☐ nur eine Schnecke, welche Art ....
- ☐ mehrere Schnecken: .... (gezählt)

Aktiv!

Setze eine Schnecke auf ein Salatblatt und beobachte, wie sie frisst. Wenn du genau hinhörst, hörst du die raspelnden Geräusche der rauen Zunge. Schau dir auch die Fraßlöcher an, die die Schnecke im Blatt hinterlässt.

Der Mistkäfer

Auf den Waldwegen kannst du von Frühling bis in den Herbst hinein die schwarzen Mistkäfer entdecken. Mistkäfer suchen gezielt den Kot von Hunden, Pferden und anderen Säugetieren auf. Dazu fliegen sie laut brummend in niedriger Höhe die Waldwege entlang. Wenn sie dann einen Kothaufen riechen, landen sie.

Das Weibchen buddelt in der Nähe des Haufens ein Loch in den Boden, von dem mehrere Seitengänge abgehen. Währenddessen schiebt das Männchen Kotwürste in das Loch, die das Weibchen in die Seitengänge stopft. Dann legt es ein Ei in jeden Gang. Bald schlüpfen die engerlingähnlichen Larven. Den ganzen Sommer lang ernähren sie sich vom Kot. Den Winter über ruhen die Larven unter der Erde. Erst im nächsten Jahr beenden sie ihre Entwicklung und verlassen als fertige Käfer den Boden.

Steckbrief

Länge: bis zu 2 cm

Auffällige Merkmale: gewölbter Körper

Ernährt sich von: Kot, auch von toten Tieren, faulenden Pilzen

Aha! Manchmal kannst du kleine bräunliche Milben auf dem Käfer entdecken. Sie benutzen ihn wie ein Taxi und fliegen mit ihm zum nächsten Kothaufen.

Auf Entdeckungstour:

- Drehe einen Käfer auf den Rücken: Besonders die Unterseite schillert bläulich.
- Achte auf die breiten Vorderbeine mit den gezackten Rändern: Mit ihnen gräbt der Käfer Löcher in den Boden.
- Halte einen Mistkäfer an dein Ohr: Hörst du die leisen Zirplaute?

Das habe ich beobachtet:

....

....

....

Dort habe ich Mistkäfer entdeckt:

☐ unter Bäumen
☐ im Gebüsch
☐ am Waldrand
☐ auf dem Waldweg
☐ auf einer Lichtung
☐ rund um Baumstümpfe
☐ im Totholz
☐ auf Stängel/Rinde
☐ auf einem Blatt
☐ auf einer Blüte
☐ nur ein Käfer
☐ mehrere Käfer: .... (gezählt)

Aktiv!

Entdecke auf kleinen Tierleichen noch andere Käfer:

- Totengräber finden den Kadaver dank ihrer guten Nase. Treffen mehrere Artgenossen ein, so bekämpfen sie sich so lange, bis nur noch ein Paar übrig bleibt. Dieses Paar versenkt den Kadaver in einer selbst gegrabenen Grube – das Weibchen legt dann nicht nur Eier darauf, sondern bewacht die Eier und füttert die schlüpfenden Larven.
- Der Rothals-Aaskäfer ernährt sich von Kadavern und Pilzen, vor allem von Stinkmorcheln.

Wer besucht die bunten Blüten?

Von Frühling bis zum Herbst blühen im Wald verschiedene Pflanzen. Schmetterlinge und viele andere Insekten besuchen die Blüten – und du kannst sie dabei beobachten. Im zeitigen Frühjahr sind auf den Blütenteppichen unter den noch blattlosen Bäumen und am Wegrand vor allem Hummeln, Wildbienen wie die kleine Mauerbiene und die ersten Schmetterlinge unterwegs, kurz danach tauchen Schwebfliegen und verschiedene Käfer auf.

Beobachte Schwebfliegen: Die harmlosen Fliegenverwandten sind gelb-schwarz wie eine Wespe gefärbt, damit sie nicht von Vögeln und anderen Insektenfressern erbeutet werden. An den großen Augen, dem fliegentypischen Tupfrüssel und der fehlenden Wespentaille erkennst du aber sofort, dass Schwebfliegen nur so tun als ob. Schwebfliegen können in der Luft stehen bleiben – sie werden oft von Wespen im Flug gejagt.

Im Sommer versammeln sich viele verschiedene Insekten auf den weißen Schirmblüten der Doldenblütler: Darauf sitzen Fliegen, Schwebfliegen, Wanzen, Blattwespen und Käfer, etwa die Roten Weichkäfer. Wenn zwei übereinander sitzen, so sind dies ein Weibchen (unten) und ein Männchen (oben) bei der Paarung. Wie viele Insekten zählst du auf einem Blütenschirm? Viele Insekten findest du auch auf den Blüten der verschiedenen Disteln und Karden am Wegrand.

Steckbrief Schwebfliege

Länge: bis zu 2 cm

Auffällige Merkmale: wie eine Wespe gefärbt

Ernährt sich von: Pollen und Nektar

Aha! Die Weibchen legen ihre Eier in Blattlauskolonien, da sich die nacktschneckenähnlichen Larven von Blattläusen ernähren.

Auf Entdeckungstour:

- Wer besucht im Frühjahr die pollenreichen Blüten des Buschwindröschens? Kleine schwarze Käfer sind Glanzkäfer, die den Pollen sammeln.
- Beobachte Wollschweber, wie sie vor einer Blüte in der Luft stehen und mit ihrem langen Saugrüssel Nektar tanken. Wollschweber sehen gefährlicher aus als sie sind – sie sind mit der Stubenfliege verwandt und können nicht stechen.
- Beobachte Ameisen, wie sie die Samen von Veilchen, Lerchensporn und anderen Blumen in ihren Bau transportieren. Was transportieren sie noch zu ihrem Bau?

Das habe ich beobachtet:

....

....

....

Diese Insekten habe ich auf Blüten entdeckt:

- [ ] Schmetterlinge (siehe Seite 90)
- [ ] Hummeln (siehe Seite 86)
- [ ] Honigbienen
- [ ] Wildbienen
- [ ] Wespen
- [ ] Schwebfliegen
- [ ] Käfer

Für Spezialisten:

Finde heraus, wie die Arten heißen, die du entdeckt hast. Mache Fotos von den Insekten und vergleiche sie mit den Bildern in einem Naturführer oder auf einer Insekten-Internetseite (z.B. www.insektenbox.de).

Aktiv!

Auf die zahlreichen Blütenbesucher haben es auch Krabbenspinnen abgesehen: Sie lauern bestens getarnt auf den Blüten und ergreifen jedes Insekt, das auf der Blüte landet. Dabei überwältigen sie auch Insekten, die viel größer sind oder wie Bienen und Wespen stechen können.

Die Erdhummel

Hummeln gehören zu den Bienen. Sie leben in einem Insektenstaat, der aber nur vom Frühling bis zum Herbst besteht. Nur die befruchteten Weibchen überleben als Königin den Winter. Die Königin verlässt im Frühjahr ihr Winterquartier und sucht ein Erdloch oder ein verlassenes Mäusenest, in dem sie einen neuen Staat gründet. Zunächst muss die Königin alles allein machen: Töpfchen für die Brut bauen, Eier legen, Larven füttern und natürlich Nahrung für sich selbst finden. Wenn die ersten Hummelarbeiterinnen geschlüpft sind, bleibt die Königin im Nest – dann verlassen nur noch die kleineren Arbeiterinnen den Bau, um Nahrung zu besorgen. Im Spätsommer ist so ein Hummelstaat auf bis zu 600 Arbeiterinnen angewachsen. Im Herbst werden es dann immer weniger Mitglieder und nach den ersten Nachtfrösten sind alle Hummelarbeiterinnen gestorben.

Hast du eine Hummel entdeckt, so folge ihr – beobachte, wie sie nacheinander in den Blüten Nektar saugt und Pollen sammelt. Wenn der Rüssel zu kurz ist, beißen Hummeln auch gern ein Loch in die Blüte, etwa in den Sporn der trichterförmigen gelben Blüten vom Springkraut (Rührmichnichtan).

Steckbrief

Länge: bis zu 2 cm

Auffällige Merkmale: schwarz-gelb gestreifter, pelziger Körper mit weißem „Po“

Ernährt sich von: Nektar, Pollen (Blütenstaub)

Aha! Ärgere sie nicht – Hummeln sind Bienenverwandte und können stechen.

Auf Entdeckungstour:

- Die ersten Hummeln im Jahr sind besonders groß – das sind die Königinnen. Später fliegen nur noch kleinere Hummeln – das sind die Arbeiterinnen.
- Beobachte, wie Hummeln an den Weidenkätzchen Pollen sammeln. Bald ist ihr „Pelz" gelb bestäubt.
- Schau dir eine Hummel in der Becherlupe an: Entdeckst du die schwarzen Augen, die vielgliedrigen Fühler und die kräftigen Mundwerkzeuge?
- Wenn eine Hummel im Erdboden verschwindet, hast du den Eingang zum unterirdischen Nest entdeckt. Dort werden immer wieder Hummeln erscheinen, die du beobachten kannst. Das Nest lässt du natürlich in Ruhe!

Das habe ich beobachtet:

....

....

Dort habe ich Hummeln entdeckt:

- ☐ unter Bäumen
- ☐ im Gebüsch
- ☐ am Waldrand
- ☐ auf dem Waldweg
- ☐ auf einer Lichtung
- ☐ rund um Baumstümpfe
- ☐ auf dem Boden
- ☐ auf Stängel/Rinde
- ☐ auf einem Blatt
- ☐ auf einer Blüte
- ☐ nur eine Hummel
- ☐ mehrere Hummeln: .... (gezählt)

Aktiv!

Wenn du im Frühjahr oder bei schlechtem Wetter eine entkräftete Hummel entdeckst, biete ihr diesen süßen Happen an: Knete aus Puderzucker (2 gehäufte Esslöffel) und Honig (1 Teelöffel) einen glatten Teig in deinen warmen Händen – dazu brauchst du bestimmt 20 Minuten. Lass den Teig 20 Minuten ruhen, dann knete ihn nochmals durch. Er darf nicht klebrig sein, sonst knete noch etwas Puderzucker unter. In Frischhaltefolie gewickelt, hält er lange frisch.

Wer hat da geknabbert?

Die Blätter von Bäumen, Sträuchern, Blumen und Kräutern sind Nahrung vieler Waldtiere. Dabei fressen die Tiere aber nicht wahllos jedes grüne Blatt, denn die Blätter verschiedener Pflanzen schmecken unterschiedlich – etwa weil sie bittere Gerbstoffe oder ätherische Öle eingelagert haben. Das kannst du beobachten: Schau dir am Wegrand die Blätter der Pflanzen an – manche sehen tadellos aus, während andere voller Löcher sind. So findest du heraus, welche Pflanzen beliebt sind und welche verschmäht werden, denn jede pflanzenfressende Tierart frisst nur bestimmte Pflanzen. Anhand der Fraßspuren erkennst du auch, wer das geknabbert hat – und vielleicht entdeckst du ja auch noch den Verursacher, etwa auf der Blattunterseite.

Auch Nüsse, Zapfen von Nadelbäumen und Pilze werden von den Waldtieren verspeist. Untersuche die angeknabberten Früchte und finde heraus, wer da genascht hat. Schnecken, Eichhörnchen, Wildschweine und Rehe fressen gern Pilze – auch solche, die für uns giftig sind. Darum darfst du niemals aus angeknabberten Pilzen darauf schließen, dieser sei ungiftig für Menschen!

Maus

Fichtenkreuzschnabel

Specht

Eichhörnchen

Aktiv!

Sogar die harte Baumrinde wird von Tieren gefressen, etwa von den verschiedenen Borkenkäfern – auf die Buntspecht, Kleiber und Baumläufer Jagd machen, wenn sie die Rinde mit ihrem Schnabel abklopfen. Es gibt verschiedene Arten von Borkenkäfern, die unterschiedliche Fraßspuren in der Rinde hinterlassen.

Auf Entdeckungstour:

Haselnuss-Schale:

- in zwei Hälften gespaltene Schale ohne Nagespuren – Eichhörnchen
- großes rundes Loch mit Nagespuren rundherum – Haselmaus (eine Verwandte des Siebenschläfers)
- ovales Loch mit kleinen Nagespuren rundherum – Rötelmaus und andere Mäuse
- wilde Hackspuren – Buntspecht oder Kleiber
- rundes bis ovales Loch mit Hackspuren rundherum – Kohlmeise
- winziges kreisrundes Loch – Haselnussbohrer

Fichten- und Kiefernzapfen:

- sauber abgenagter Zapfen – Mäuse
- rundherum abgerissene Schuppen, nur der oberste Kranz bleibt stehen – Eichhörnchen
- struppiger Zapfen mit Hackspuren – Buntspecht
- der Länge nach gespaltene Schuppen – Fichtenkreuzschnabel

Das habe ich beobachtet:

....

....

Diese Fraßlöcher habe ich entdeckt:

☐ Viele kleine Löcher auf dem Blatt, die Blattadern sind unverletzt: kleine Blattkäfer

☐ Kreisrunde Löcher an den Blatträndern: Blattschneiderbiene

☐ Blatt fast gänzlich abgefressen, nur die Adern sind unverletzt: Blattwespe

☐ Unregelmäßige Löcher am Blattrand: Raupen (Du findest meist auch schwarze Kotkrümel auf dem Blatt.)

☐ Große Löcher am Blattrand und auf dem Blatt: Schnecken (Du findest meist auch braune Kotwürste und Schleimspuren.)

☐ Weiße bis bräunliche Spuren, die wie Gänge aussehen: Miniermotten

Schmetterlinge

Zitronenfalter, Kleiner Fuchs und Tagpfauenauge sind die ersten Schmetterlinge, die im Frühling fliegen. Kurze Zeit später tauchen die ersten Aurorafalter auf. Sie alle haben den Winter als Falter in einem frostsicheren Versteck verbracht und verlassen es an den ersten warmen Tagen. Viele Schmetterlingsarten verbringen jedoch den Winter als Ei, Raupe oder Puppe. Da sie ihre Entwicklung zum Falter erst noch beenden müssen, erscheinen sie erst später im Jahr.

Schmetterlinge ernähren sich vom Nektar der Blüten und von den süßen Säften verschiedener Früchte. Sie landen aber auch auf offenen Bodenstellen, um Mineralien und Salze aufzusaugen.

Die Weibchen legen ihre Eier an die Pflanzen, von denen sich die Raupen ernähren. Die Raupen der häufigen Schmetterlinge Tagpfauenauge und Kleiner Fuchs fressen nur Brennnesseln. Besuche täglich die Brennnesseln, in denen du ihre schwarzen Raupen entdeckt hast, und beobachte, wie die Winzlinge immer größer werden, sich schließlich verpuppen und als fertige Falter schlüpfen.

Steckbrief Kaisermantel

Länge: bis zu 6,5 cm

Auffällige Merkmale: leuchtend orangebraun mit schwarzen Punkten und Flecken

Ernährt sich von: Nektar; die Raupen von den Blättern der Veilchen

Aha! fliegt ab Juni

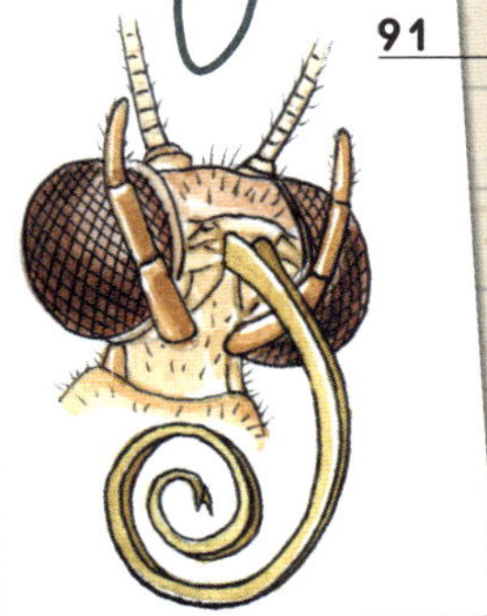

Auf Entdeckungstour:

- Beobachte einen Schmetterling, der an einer Blüte Nektar saugt. Schau dir auch den langen Saugrüssel an, wenn er in Ruhe eingerollt ist.
- Beobachte Schmetterlinge, wenn sie sich niedergelassen haben und wenn sie fliegen. Bei vielen Arten ist die Flügelunterseite ganz anders gefärbt als die Oberseite.
- Schau dir eine Raupe unter der Lupe an. Weil sie viele Blätter fressen muss, hat sie kräftige Mundwerkzeuge.
- Umflattern sich zwei Schmetterlinge, so sind das ein Männchen und ein Weibchen vor der Paarung.

Das habe ich beobachtet:

....

....

....

Dort habe ich Schmetterlinge entdeckt:

- ☐ unter Bäumen
- ☐ im Gebüsch
- ☐ am Waldrand
- ☐ auf dem Waldweg
- ☐ auf einer Lichtung
- ☐ rund um Baumstümpfe
- ☐ im Totholz
- ☐ auf Stängel/Rinde
- ☐ auf einem Blatt
- ☐ auf einer Blüte
- ☐ nur ein Schmetterling, welche Art

....

- ☐ mehrere Schmetterlinge: .... (gezählt)

Aktiv!

Wenn im Sommer die Disteln blühen, kannst du dort viele Schmetterlinge entdecken – auch den großen Kaisermantel. Schmetterlinge lieben den feinen Nektar der Distelblüten. Welche Schmetterlinge entdeckst du außerdem?

Wichtig!
Verletze nicht die Flügel der Schmetterlinge.

Die Waldameise

Ameisen leben überall, bei uns sind es rund 200 verschiedene Arten. Im Wald lebt eine der größten heimischen Ameisenarten, die Rote Waldameise. Anders als die meisten Ameisenarten baut sie nicht nur ein Nest im Erdboden, sondern türmt darüber bis zu ein Meter hoch braune Nadelblätter und Zweigstückchen auf. In einem Nest wohnt ein ganzer Ameisenstaat, der aus einer oder mehreren Königinnen sowie bis zu einer halben Million Arbeiterinnen besteht. Männchen gibt es nur im Sommer: Dann verlassen die geflügelten Weibchen und Männchen den Bau. Sie fliegen hoch in die Luft, um sich dort zu paaren. Nach der Paarung sterben die Männchen, während die Weibchen ihre Flügel abwerfen und zu neuen Königinnen werden.

Königinnen sind nur für das Legen der Eier zuständig, die Arbeiterinnen erledigen alle anfallenden Arbeiten. Das sind: die Königin füttern, das Nest bauen, vergrößern und reparieren, die Eingänge bewachen und gegen Eindringlinge verteidigen, die frisch gelegten Eier in die Eikammern transportieren, die Larven füttern, Nahrung sammeln, erbeuten und in die Vorratskammern des Baus schleppen.

Steckbrief

Länge: bis zu 1 cm

Auffällige Merkmale: schwarzbrauner Körper

Ernährt sich von: Insekten und deren Larven, Pflanzensamen, Honigtau (Das ist der süße Kot von Läusen, die an Pflanzen saugen.)

Auf Entdeckungstour:

- Schau dir eine Ameise unter der Lupe an. Erkennst du die verschiedenen Körperteile?
- Lege eine blaue Blüte auf einen Ameisenhaufen. Beobachte, wie die Ameisen die Blüte mit ätzender Ameisensäure bespritzen und sie rot färben.
- Beobachte, wie Ameisen gemeinsam große Beutetiere transportieren.
- Entdecke eine Ameisenstraße. Was passiert, wenn du ein Hindernis auf die Straße legst oder die Duftmarkierung des Weges mit deinem Finger verreibst?
- Beobachte, wie Ameisen den Hinterleib von Läusen bearbeiten („melken"), um den süßen Honigtau zu bekommen.

Das habe ich beobachtet:

Dort habe ich Ameisen entdeckt:

- [ ] unter Bäumen
- [ ] im Gebüsch
- [ ] am Waldrand
- [ ] auf dem Waldweg
- [ ] auf einer Lichtung
- [ ] rund um Baumstümpfe
- [ ] im Totholz
- [ ] auf Stängel/Rinde
- [ ] auf einem Blatt
- [ ] auf einer Blüte

Aktiv!

Beobachte mit etwas Abstand auch ein Nest, das wie ein großes Gebäude funktioniert: Im Winter wohnen alle Ameisen tief unter der Erde. Wenn es warm wird, ziehen sie nach oben. An heißen Tagen öffnen die Arbeiterinnen sogar Luken im Bau, sodass kühle Luft hindurchströmen kann; bei Regen verschließen sie rasch wieder diese Öffnungen.

Glossar
– schwierige Wörter einfach erklärt!

Baumfrüchte: Früchte von Bäumen wie Eicheln, Bucheckern und Nüsse.

Baumstumpf: Wurzel und Stammrest eines gefällten Baumes; er wird im Lauf von rund zehn Jahren vollständig von Lebewesen abgebaut: Im ersten Jahr erscheinen Bock- und Borkenkäfer, während das Geflecht bestimmter Pilze den Stumpf durchdringt; später dringen Algen, Flechten, Moose, Asseln, Käfer, Regenwürmer und Spinnen in die Risse des Stumpfes ein und leiten den endgültigen Zerfall ein.

Blattgrün: grüner Pflanzenfarbstoff, der auch Chlorophyll heißt; mithilfe von Blattgrün können die grünen Pflanzen die lebensnotwendigen Zuckerverbindungen aus Wasser und Kohlendioxid mit der Energie des Sonnenlichts aufbauen; dieser Vorgang heißt Fotosynthese.

Blütenpflanzen: Das sind alle Pflanzen, die Blüten und Samen bilden; dazu gehören zum Beispiel die Blumen, die Gräser, die Sträucher und die Bäume.

Brutzeit: Zeitraum, in dem Vögel ihre Eier legen, sie ausbrüten und ihre Jungen großziehen; bei uns von Winterende bis Frühsommer.

Frühblüher: Blumen, die im zeitigen Frühjahr blühen; dazu gehören Buschwindröschen, Scharbockskraut, Lerchensporn, Veilchen und Huflattich.

Gewölle: Ballen aus unverdaulichen Nahrungsresten (Federn, Haare, Knochen, Zähne und anderes), die von Eulen, Greifvögeln, Krähen, Möwen und anderen Vögeln ausgespien werden; Gewölle von Eulen enthalten stets Knochen, während die der Greifvögel knochenlos sind .

Honigtau: Blattlauskot; ist süß, da sich Blattläuse nur von süßen Pflanzensäften ernähren.

Humus: Stoffgemisch aus zersetzten, abgestorbenen tierischen und pflanzlichen Substanzen im Erdboden; wertvoll.

Kadaver: Körper eines toten Tieres; wird auch Aas genannt.

Kiemen: Atmungsorgane von vielen Tieren (Fische, Kaulquappen u.a.), die im Wasser leben; nehmen den Sauerstoff aus dem Wasser auf.

Kobel: aus Zweigen und Reisig angefertigtes Nest des Eichhörnchens in der Baumkrone.

Kokon: Schutzhülle aus gesponnenen Fäden, Blättern oder anderem Material, das Eier oder Larven umgibt.

Laich: die von einer durchsichtigen, gallerthaltigen Hülle umgebenen Eier von Lurchen, die als Klumpen, Schnüre oder auch einzeln ins Wasser abgelegt werden.

Larve: Jugendform von Insekten, Lurchen und vielen anderen Tieren, die meist ganz anders aussieht als das erwachsene Tier; im Lauf ihrer Entwicklung wird die Larve größer und ähnelt immer mehr dem erwachsenen Tier; bei manchen Tiergruppen wie Käfern und Schmetterlingen entwickelt sich die Larve nicht direkt zum fertigen Insekt, sondern über eine Puppe.

Lurche: auch Amphibien genannte Gruppe von Wirbeltieren, zu denen Molche, Salamander, Frösche und Kröten gehören; sie besitzen eine feuchte, drüsenreiche Haut und legen ihre Eier (Laich) meist in Gewässern ab; ihre kiementragenden Larven entwickeln sich im Wasser, während die erwachsenen Tiere Lungen besitzen und an Land leben.

Mundwerkzeuge: spezielle Gliedmaßen am Kopf von Insekten, Spinnen und anderen, die dem Packen, Zerkleinern und Verspeisen von Nahrung dienen; je nach Nahrung sind die Mundwerkzeuge anders gebaut: Libellen, Käfer und Heuschrecken besitzen beißend-kauende Mundwerkzeuge, Bienen leckend-saugende Mundwerkzeuge, Schmetterlinge saugende, Stechmücken und Wanzen stechend-saugende Mundwerkzeuge.

nachtaktiv: Tiere, die in der Dunkelheit aktiv sind; dazu gehören beispielsweise Dachse, Fledermäuse und Eulen.

Nektar: von Blüten produzierte wässrig-süße Flüssigkeit, um Insekten anzulocken.

Pollen: Blütenstaub, besteht aus unzähligen feinsten Pollenkörnern, die die männlichen Keimzellen tragen und der Bestäubung der weiblichen Blüten dienen; sie befruchten die weiblichen Keimzellen, aus denen sich dann Samen bilden.

Puppe: Entwicklungsform zwischen Larve und erwachsenem Insekt, das bei manchen Insekten wie Schmetterlingen, Käfern, Fliegen, Bienen und Wespen vorkommt; dazu hüllt sich die Larve in eine harte Hülle ein und ruht ohne zu Fressen für einige Tage bis zu mehrere Jahre. Während dieser Ruhezeit (die sogenannte Puppenruhe) wird das Insekt von der Larve zu dem fertigen Tier umgebaut. Am Ende der Puppenruhe schlüpft das fertige Insekt.

Raupe: nackte oder behaarte Larve der Schmetterlinge.

Revier: Gebiet, in dem ein Tier dauernd oder zeitweise lebt und das es gegenüber eindringenden Artgenossen verteidigt; manche Reviere wie die der Füchse bestehen das ganze Jahr über, andere wie die Reviere um Singvogelnester nur während der Brutzeit.

Rudel: kleine Gruppe von Säugetieren, die kleiner ist als eine Herde; Wölfe, Hirsche und Rehe leben ständig oder zeitweise in einem Rudel; bei Wildschweinen heißt eine solche kleine Gruppe Rotte.

Samen: Transportform für den Pflanzenembryo, der von einer schützenden Samenschale umgeben ist; der Samen enthält zudem die Nährstoffe, die für die Keimung notwendig sind, und ist an die besondere Form der Samenverbreitung angepasst: Ahornsamen besitzen Flügel für die Verbreitung mit dem Wind, Walderdbeersamen sitzen auf süßen Früchten, die von Tieren gefressen und so verbreitet werden.

Saugrüssel: spezielles Mundwerkzeug der Schmetterlinge, das aus einem langen, einrollbaren Saugrohr besteht; Schmetterlinge tauchen den Saugrüssel in tiefe Blütenkelche ein und saugen Nektar.

Zugvögel: Vögel, die alljährlich im Herbst in ein warmes Gebiet ziehen, dort den Winter verbringen und im Frühjahr in ihr Brutgebiet zurückkehren; unsere heimischen Vögel ziehen in den Mittelmeerraum und nach Afrika, während viele Vögel aus dem hohen Norden den Winter bei uns verbringen; auf ihrem Weg ins Winterquartier und zurück legen die Vögel teilweise sehr lange Strecken von über 10.000 km zurück.

Dieses Buch hat dir gefallen?
Dann lies doch hier weiter:

ISBN 978-3-96455-311-9

ISBN 978-3-96455-310-2

ISBN 978-3-96455-258-7

ISBN 978-3-96455-308-9

Die Ratschläge in diesem Buch sind von der Autorin und vom Verlag sorgfältig erwogen und geprüft worden. Dennoch kann eine Garantie nicht übernommen werden. Eine Haftung des Verlages für Personen-, Sach- und Vermögensschäden ist ausgeschlossen.

moses. Verlag GmbH
Arnoldstraße 13d
47906 Kempen
Fon 0 21 52 - 20 98 50
Fax 0 21 52 - 20 98 60
Mail info@moses-verlag.de
www.moses-verlag.de

ISBN 978-3-96455-309-6

Text: Bärbel Oftring

Illustrationen: Arno Kolb, Thomas Müller, Angelika Neiser, Axel Nicolai

Fotos: Fotolia: Coverfoto Eichhörnchen (© schaef), o.l. (© vectorace), o.r. (© Cynoclub), S. 4 (© Smileus), 7 o.r. (© Gabriele Rohde), u.r. (© Martijn van Dijk) + 67 b, u.l. (© Budimir Jevtic), 9 (© msnobody), 10 (© CREATAS), 13 (© msnobody), 16 (© Martina Berg), 21 (© LinieLux), 29 (© muligraph), 32 (© Denis Gladkiy), 33 (© emuck), 34 a (© Dusan Kostic), b (© Christa Eder), c (© carmenrieb), d (© Olga Marc), f (© ph_stephan), g (© ursupix), 35 e (© emer), f (© ingwio), 37 o.r. (© lochstampfer), u.l. (© Kalle Kolodziej), 39 (© Jutta Adam), 40 a (© Maren Winter), b (© Alexandr79), 41 (© Harald Biebel), 56 (© sduben), 57 a (© K.-U. Häßler), b (© multilens), c (© Soru Epotok), 58 (© Martin Pohner), 62 (© mdalla), 65 (© Leiftryn), 66 (© Carsten Meyer), 67 a (© silvioheidler), c (© Renso), d (© Vitalii Hulai), 73 u.l. (© lu-photo), u.r. (© Pocko), 75 (© himetai), 79 (© tomatito26), 82 (© Siegfried Schnepf), 85 (© Rudolf Schmidt), 86 (© Jürgen Fälchle), 92 (Hans-Peter Moehlig), Inimage: Titel o.r. (© Cynoclub), S. 18 (© Voyagerix), 26, 34 e (© Hjschneider) + 35 b + 90, 35 a, 44, 51 (© Pictureguy), iStockphoto: S. 80, Biopix: S. 69 (© N Sloth), Ricks: U4 + S. 6, Peter Leenders: S. 8, Creatas: S. 1, 27, Walter Müller: S. 76, Melanie Dahmen: S. 34 h, 35 c + d, 37 u.r., stock.adobe.com: 52 (© Karel)
Fotos Umschlag: © stock.adobe.com: Sory Epotok (Reh), johannes (Moos auf Baum), Monika (Eule), Robin (Vögel), S.H.Exclusiv (grüner Hintergrund verschwommen), zlikovec (Bäume/Wald von oben), Martina Berg (Waldkauz), eyetronic (Buchenblätter freigestellt)

Layout, Typographie & Satz: Melanie Dahmen

Redaktion: Daniela Schönkes-Pasch, Ina Lutterbüse

Herstellung: Nicole Bienia

Printed in Poland.

FSC
www.fsc.org
MIX
Papier | Fördert gute Waldnutzung
FSC® C018236

CERTIFIED
cradle to cradle
BRONZE

Inhaltsseiten gedruckt auf MAESTRO® PRINT Papier Cradle to Cradle Certified® in der Stufe Bronze. Cradle to Cradle Certified® ist ein eingetragenes Markenzeichen des Cradle to Cradle Products Innovation Institute.

Klimaneutral
Druckprodukt
ClimatePartner.com/14161-2001-1001